はじめに

押ささる

［お・さ・さる］

北海道の方言。不可抗力で意図せず押してしまうこと。また、押すことが可能であること。

例「いやぁ、電話しささってる！ かばんの中で、スマホの画面**押ささった**んだわ」

大好きな北海道弁に「飲まさる」という言葉がある。今夜は楽しくて飲まさる。ここの料理がおいしいから飲まさる。

標準語にはない北海道独特の表現、動詞＋〝さる〟は、「何かの要因でつい（結局）そうなってしまう」状態を指す。日常会話でよく使うのが「押ささる」。スマートフォンの操作ボタンをつい押してしまった時など、実に言い得て妙。

先の例だと、飲まさるは、自分ではそんなに飲むつもりはなかったけれど、雰囲気が、人が、料理が、気分が、そうさせてしまう。酒飲みの楽しい言い訳であり、店にとっては最上級の褒め言葉でもある。

本書は、この北海道弁にあやかって名付けた飲食店案内の続編。今回はシーン別に、その気分に添うお勧め店を掲載。読むと、行ってみたいなぁと心のスイッチが「おささる」。そして「飲まさって」、「食べらさって」楽しくなる。みなさんのそんな一冊になることを願って。

小西 由稀

小西由稀の 札幌 おささる 味手帖 2

まっすぐ、帰りたくない夜に

活気と料理と空間と
トーチに導かれ創成川東へ

いい店で飲むといい心地になる。独酌でも、誰かを誘っても気分がいい。そんな一軒が「大友堀トーチ」。創成川イーストに2022年春に開店した居酒屋だ。店名の大友堀とはかつて札幌にあった重要な水路で、その一部は創成川として残されている。トーチは松明のことをいう。

「この地域を明るく照らし、みんなが再び集える空間づくりができればと、大友堀の名前をお借りしました」と、店主の清水奏太さん。

品数豊富なメニューは「ひとまず」「煮たり、焼いたり」「肴」など、気分や調理法別に構成。料理にひとひねり加え、日本酒にもワインにもサワーにも合うものが多いのが特徴。オススメの「いい感じのアジフライガリのタルタル」は鮮度のいいアジをさっと揚げているので、レアな断面が美しく、刺身と揚げ物のいいところ取り。酸味を抑えたガリ入りのタルタルソースと相性抜群だ。

店は連日の賑わい。清水さんが店名に込めた想いを思い出し、「いい店名だなぁ」と改めて思うのだった。

札幌市中央区南2条東2丁目8-1 大都ビル1F
011-213-1407（予約が確実）
17時～LO23時［日曜休、不定休あり］
※昼営業、日曜営業の日もあり
いい感じのアジフライガリのタルタル840円、三陸サバのスモークとガリのポテサラ680円、バルサミコ酢豚1100円、生ビール600円、日本酒600円～

大友堀トーチ

おおともぼり

[料理] 定番メニューの一例「いい感じのアジフライ ガリのタルタル」。ドリンク類が充実しているので、二次会利用もおすすめ。独酌の場合、料理によって量の調整を相談できる。
[人物] 店主の清水奏太さん
[外観] 奥行きのある店内は白色と木目を生かした明るい雰囲気で、カウンター席とテーブル席を用意。

上品な煮込みでほっこり
季節の小皿料理でゆるり

まずは、看板料理の煮込みから。「東京に住んでいた頃、よく通った店の煮込みがおいしくて。札幌は寒い地域ですし、煮込みを楽しむ店があってもいいかなと思いまして」と、店主の鈴木孝助さん。

そう聞くと大衆酒場の濃い味を思い浮かべるが、ここは然にあらず。「道産牛の肉豆腐」は、カツオ出汁が効いたあっさり上品な味わい。食材は別々に煮込むので、銘柄牛のバラ肉は柔らかいまま。煮汁がよく染みた豆腐の塩梅がたまらない。

変化球を加えたお造り、季節感と食材の持ち味を大切にした小皿料理のほか、「手羽先チューリップからあげ」なんて懐かしい一品もあり、酒呑みのツボを押さえている。「由仁町からいいお米が届くので」と、食事メニューにも力を入れる。

料理は煮込み以外、2人前の量だが、人数に合わせて量を調整し、「食べやすいように」と1人前ずつ取り分け提供するひと手間に、店主の人柄が表れる。これだもの、居心地がいい訳だ。今夜もついつい長っ尻に。

札幌市中央区南5条西3丁目 プレシャスビル2F
011-213-0518（要予約）
18時～要問合せ［日曜休、不定休あり］
道産牛の肉豆腐750円、前菜・酒肴各500円前後～、
手羽先チューリップからあげ2本500円、本日の一汁三菜1500円、
日本酒各650円

煮込みとお酒 のら

[料理]「道産牛の肉豆腐」と、秋冬の一例「春菊とカキのバター炒め」。野菜を使った料理が多いのも嬉しいポイント。値段は仕入れにより前後する。
[人物] 店主の鈴木孝助さん。
[外観] 2018年オープン。店内はカウンターが主体。テーブル席もあり。喫煙可。

イタリアンと和が重なり合う 大人の愉しい酒場

外に看板はなくても、小さな窓から醸し出される何やらいい雰囲気に、そこが目指す店だとすぐわかる。

店主の森隆暁さんは人気イタリアン「ピチュ」を、妻の香織さんは函館で季節料理「よはなゆた」を各々経営し、腕を振るってきた。ここはそんな2人の得意分野を持ち寄り、重ね合わせた空間だ。

メニューは北海道産と旬の食材を生かし、イタリア料理に主軸を置いたもの、和食をベースにしたものがいい感じに入り混じる。お酒はナチュラルワインと純米酒が中心だが、ハードリカーも揃えている。

「毛蟹のサルシッチャ」はピチュ時代から長く愛されている名物料理。毛蟹のむき身をふんだんに使い、つなぎは贅沢にもホタテと卵白だけ。大量の毛ガニの殻からじっくり煮詰めた濃厚なソース、さらにクリーミーなマッシュポテトも添えている。すべて絡めて味わえば、まさに至福。さて、ここに白ワインを合わせるか、旨口の純米酒を燗にしてもらおうか。迷う時間も心地よい。

札幌市中央区南2条西6丁目17-5 TAIYOビル2・6 1F
011-261-6868（予約が確実）
17時30分〜LO22時［日曜・祝日休］
毛蟹のサルシッチャ2640円、新得地鶏の手羽先揚げ440円、あん肝と奈良漬け1540円、日本酒1杯880円〜、グラスワイン990円〜

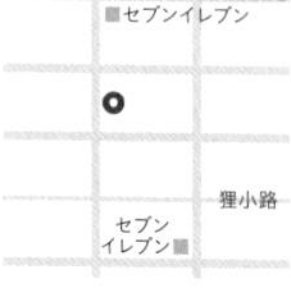

お酒とお料理 Roba

ロバ

[料理] 前店からの名物料理「毛蟹のサルシッチャ」。
[人物] 店主の森隆暁さん・香織さん夫妻。おふたりがつくり出す空気感も素敵。オープンは2022年。
[外観] 店内はゆったりしたカウンター7席とテーブル2卓を用意。

小さなポーションが嬉しい
ワインと楽しむ旬の中華料理

ワインやシャンパンと一緒に楽しむ中華料理を提案する「大和亭はなれ」。大人数でテーブルを囲むイメージとは異なり、こちらの料理は1〜2人でちょうど良いボリューム感が魅力。気軽に立ち寄れるカジュアルな雰囲気もまたいいのだ。

横浜・中華街をはじめ、さまざまな店で研鑽を積んだ料理長の堂下真一さんは、北海道産の食材や旬の素材を生かしながら、ワインに寄り添う優しく上品な料理を紡ぎ出す。

まずは、「老虎菜（パクチーサラダ）」や「胡瓜と青椒の木姜油和え」から。野菜たっぷりの定番の冷菜が元気をくれる。

そして、冬ならば「真だちの紹興酒漬け」をぜひ。オーダーが入ってから紹興酒に醤油、花椒が香るタレに絡める、たちポン的な一品。真だちのクリーミーな甘みが一層際立つ。同じく寒い時期がおいしい仙台セリをたっぷり加えた「セリの玉子焼」は、香りと食感がたまらない。大ぶりの「エゾ鹿焼売」を頬張れば、噛むごとに肉の旨みを楽しめる。

札幌市中央区南2条西5丁目31-4 SCALETTA 1F
011-596-8600（できれば予約）
17時〜LO23時［不定休（月曜が多い）］
真だちの紹興酒漬け880円、エゾ鹿焼売2個500円、
生ビール800円、グラスワイン900円〜

大和亭はなれ

[料理] 冬メニューの一例、「真だちの紹興酒漬け」と「セリの玉子焼（現在は「蟹肉あんかけ」を提供）」、定番「エゾ鹿焼売」。個人的な推しメニューは、夏限定の「冷やしニラそば」！
[人物] 料理長の堂下真一さん。
[外観] 「オステリア大和亭」の姉妹店として2021年オープン。店内はカウンター席とテーブル席がある。

和食が気分の夜は一品料理で寛げるコチラへ

冬のある日、お品書きを見て心ときめいた。「てっさ」や「蓮根まんじゅう」など、コースでなければお目にかかれない類の料理が単品で並んでいたからだ。そう、ここは一品料理で楽しめる〝お好み和食〟の店。居酒屋と高級和食店が多い札幌では、希少な一軒といえる。

店主の佐々木利明さんは主に大阪で修業を重ね、札幌の和食店などで腕を振るってきたベテランの料理人。コロナを機に「やりたいことをやろう」と独立。ひとりで切り盛りする。

初夏にかけては「油子木の芽焼き」や「うにと湯葉の土佐酢ジュレ」がおすすめ。前者はこっくりした油子の照り焼きと香りのいい木の芽がよく合う。ひと手間を加えた数種類の付け合わせにも技が光る。また後者は湯葉のクリーミーさとウニの甘さを、土佐酢の爽やかな酸味が味の輪郭をキリっと引き締める。

すすきのでは珍しく、日曜営業しているのがありがたい。遅い時間はお茶漬けと締めの一杯を楽しむのもいい。会食に勧めても喜ばれる。

札幌市中央区南4条西5丁目 第4藤井ビル1F
011-206-4189（なるべく予約を）
17時～23時［水曜休］
油子木の芽焼き1000円前後、
うにと湯葉の土佐酢ジュレ時価（1600円～2500円）、
鮭茶漬け770円、お通し550円、ビール小瓶650円

お料理 ささき

[料理] 初夏の一例、「油子木の芽焼き」と「うにと湯葉の土佐酢ジュレ」。お品書きには季節の魚介と野菜を使い、お造りや煮物、焼き物、酒肴、ご飯物を用意している。
[人物]「和食の敷居を下げたい」と話す、店主の佐々木利明さん。
[外観] 店内はカウンター6席とテーブル1卓が。2022年11月開店。

ピースフルな串焼きが恋しくて今宵もじゃみる

じゃみる。「炭焼と中華 じゃみん」に行くことを、常連客はそう呼ぶ。昭和が薫る古いビル内にあり、カウンター席だけの小ぢんまりした空間、炭火焼きと中華と一品料理のユニークな組み合わせ、店主・伊藤祐太さんのピースフルな人柄も相まって、じゃみってしまうのだ。

　そうそう、音の良さも忘れてはいけない。音響のプロが設計しているので、賑わいにかき消されることなく、大瀧詠一や細野晴臣、この辺りの音楽が気持ちよく流れ、気づくと口ずさみながら飲んでいる。

　メニューはそれほど多くはないが、毎日市場に通って仕入れる季節の食材や道産食材への思いが見て取れる。セセリを挽肉にした「つくね」、定番の「とり」など、個人的に伊藤さんが焼く串物のファンだ。焼き方のポイントを尋ねると、「自分はまだまだです」と前置きした上で、「1本1本、可愛がるように、見守るように焼いています」と答える。そんな伊藤さんの丁寧な仕事ぶりもまた、ピースフルなのだ。

札幌市中央区南6条西4丁目 銭松ビル1F
011-596-9530（予約が確実）
18時～LO23時［日曜休、不定休あり］
お通し500円、つくね300円、つくねチーズ・月見各々350円、滝川鴨串480円、とり280円、生ビール550円

炭焼と中華 じゃみん

[料理] オススメの「つくね」は挽肉にしたせせりのねっとり感、軟骨のアクセントがいい。柚子胡椒をのせた「滝川鴨串」も人気。一品料理は季節に合わせて、中華は麻婆豆腐、春巻き、汁そばなどがある。
[人物] 店主の伊藤祐太さん。
[外観] 1976年築の2階建てのビル。店内はカウンター9席。喫煙可。

日本酒で寛ぎたい夜
手をかけた酒肴と共に

心地よい酒場が帰ってきた。2023年5月に移転オープンした「酒肴や伸」は、日本酒バーと居酒屋の好いとこ取りをしたようなお店だ。

店主の蒲原伸征さんは「日本酒の楽しさを伝えたい」と、冷酒におすすめなものや燗酒にして一段とポテンシャルを発揮するものを合わせ、常時50種類ほどを用意している。

料理は軽いつまみから手をかけた一品、締め(麺が多い)まで楽しめる。お勧めしたいのは「店主おまかせプレート」。一層杯が重なる酒肴が3品、または5品並ぶ。

特に力を入れているのが、発酵料理。蒲原さんは倶知安町の「二世古酒造」で蔵人として酒造りをした経験を持ち、そこで学んだ麹の知識を料理に生かしている。例えば「自家製納豆と漬けマグロ」は、酒肴のために作られた黒豆の納豆。硬めに蒸した黒豆の食感と味わいが良く、漬けマグロやうずらの卵と合わせると、白飯ではなく、お酒が恋しくなる。

休みは不定休だが、日曜営業していることが多いのが嬉しい。

札幌市中央区南5条西5丁目 ジャパンランドビル4F
011-600-6588（予約が確実）
18時～LO23時（金・土・祝日前日～LO翌1時）
［不定休、Facebookで確認を］
店主おまかせプレート3品900円～、5品1500円～、
日本酒1杯600円～、1合850円～。

酒肴や 伸

しん

［料理］その日で内容が異なる「店主おまかせプレート」の一例。黒豆納豆や明太子、ボイルハムも自家製。

［人物］酒造りの現場を体験し、「日本酒が一層愛おしくなりました」と話す、店主の蒲原伸征さん。

［外観］店内はカウンター8席のほか、4〜6名で利用できるテーブル席がある。

土地の味と空気感を満喫できる
地味で滋味なトラットリア

　開口一番、「映えなくてスミマセン」と奥村雄史シェフ。トスカーナを中心に、イタリアのさまざまな地域で働き、旅をしてきた料理人だ。「オクムラ」の料理は北海道の食材や旬の食材を真ん中に置きながら、暮らしてきた土地の空気を上手く取り入れた、イタリアの日常の味、伝統の料理が基本になっている。

　この「鶏レバーのクロスティーニ」もトスカーナ定番の温かい前菜。香味野菜、赤ワイン、ブランデー、鶏の出汁で煮たレバーやハツを包丁でたたき、自家製パンにのせ提供する。シンプルだが基本を丁寧に積み重ね、レバー類の食感と優しい風味を楽しめる、スターターにぴったりな一品。

　メニューは2人前の記載だが、ひとり飲み用にボリュームダウンが可能な料理が多いのも嬉しいポイント。パスタ1皿とワイン1杯、そんな使い方も歓迎だという。

　場所はビルの地下、その一番奥に立地。初めてだと少々ひるむかもしれないが、その先にはおいしい時間が待っている。

札幌市中央区南2条西4丁目 乙井ビルBIF
011-215-0655（予約が確実）
16時〜23時［不定休］
鶏レバーのクロスティーニ1人前600円、
おまかせコース7700円、前菜コース4500円、
アラカルト多数。ハウスワイン250ml 1700円

TRATTORIA DA OKUMURA

トラットリア・ダ・オクムラ

［料理］メニューにあれば、ぜひ頼んでほしい「鶏レバーのクロスティーニ」。自家製パンもまた、塩を入れずに焼き上げるトスカーナ仕立て。

［人物］奥村雄史シェフ。

［外観］店内はカウンター席とテーブル席を用意している。

お通しから期待が膨らむ
生真面目さが心地よい名酒場

お通しは、その店への期待値を測る試金石だ。その点、「高雄」のお通しは間違いなくテンションが上がる。晩秋のある日は、お腹を温める「松茸とアサリの出汁」、食欲を刺激する「タコと銀杏のぬた」、ひと口の炭水化物が嬉しい「タラバガニとどんこの柿の葉寿司」など、美しく味わい深く、呑兵衛への気遣いさえ感じさせる季節の4品に頬が緩む。

開店から30余年を数え、現在は2代目店主の綿谷健太郎さんが紡ぎ出す季節料理が楽しみな居酒屋だ。あしらいまで美しい料理といい、作家ものの器といい、道産材を生かした店内といい、本当は和食店と紹介したいくらいだが、「うちは居酒屋です」と、ご本人は頑として譲らない。

春は山菜を採り、夏は鮎を釣り、秋はキノコを探し、冬は麹から手作りするニシン漬けや三升漬けが食べ頃になる。製粉もし、蕎麦も打つ。食材に対しても、料理に対しても、手間暇を惜しまぬ生真面目さが心地よい。地下鉄南北線「平岸」駅至近。すすきのを乗り越し、出かけたい一軒だ。

札幌市豊平区平岸1条7丁目3-6 豊栄ハイツ1F
011-833-0063（要予約）
17時30分～LO22時［不定休］
先付け（お通し）1500円、
お造り一人前盛り1370円、
一品料理1000円前後～、日本酒90cc700円～

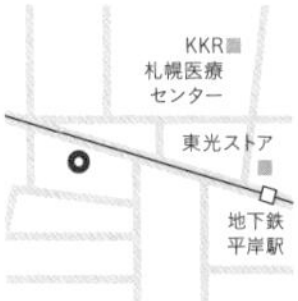

味処 高雄

たかお

[料理] 高雄ではお通しを「先付け」と呼んでいる。その一例。冬は噴火湾産「香箱蟹」もファンが多い一品。日本酒は30種類ほど揃え、ワインやクラフトビールも用意している。
[人物] 努力の天才、店主の綿谷健太郎さん。
[外観] 地下鉄駅から徒歩3分。店内はカウンター6席、テーブル12席。

丁寧な仕事が伝わる
キングオブ海老フライ

「大海老のフライ」のサイズ感と衣の美しさをとくとご覧あれ！　使うエビは刺身で出せる鮮度と大きさ。自家製の生パン粉は粉雪のような細かさとふわふわ感。低温調理でじっくり揚げるので、エビは縮まずに大きいまま。衣はカリッと、中はしっとり。粉雪パン粉のおかげで、揚げ上がりはとても軽やかだ。産みたて卵でつくるタルタルソースをたっぷりつけて頬張れば、目尻は下がりっぱなしである。

　ここは、フレンチの道を長く歩んできた今平慎太郎シェフが、これまで培ってきた技術を生かし、丁寧に表現する洋食店。肉汁がちゃんと留まるハンバーグ、野菜主体のシルキーなデミグラスソースなど、どのメニューも、ソースも、付け合わせも、手抜きなしの美しい仕事にため息がこぼれる。しかも、よく見ると、カトラリーはクリストフル！

　セットがお得なランチタイムは激混みなので、夜のゆったりした雰囲気の中で味わってほしい。素敵なワインリストも待っているので。

札幌市西区二十四軒4条5丁目10-18
ライオンズステーションプラザ琴似1F
011-676-7886
11時30分～LO20時30分［火曜・水曜休、不定休あり］
大海老のフライ3300円、特製ハンバーグステーキ2420円、
ナポリタン1650円

Univers S.

ユニヴェール エス

[料理]「大海老のフライ」は、ランチタイムにはひと工夫のあるサラダにスープ、ライスをセットにできる。夜は単品で楽しめる。

[人物]「たまのフレンチよりも、毎日のように食べられる洋食を」と話す、今平慎太郎シェフ。

[外観] 地下鉄琴似駅5番出口からすぐ。全24席。

昼も夜も蕎麦前で一献
締めに手繰る蕎麦も秀逸

江戸蕎麦の魅力を伝える、「心空」店主の三浦辰也さん。出身は千葉県。修業は東京、江戸蕎麦の老舗の門を叩いた。その店で腕を磨きながら、毎年欠かさずRSRに参戦するのを楽しみにしていた。何度も訪れるうちに、北海道の空気感に惹かれ、食材の良さに惚れ、とうとう移住を決意。2017年に店を開いた。

蕎麦は、道内4カ所の産地の粉を使い分け、外一で打った細切りそばをメインに出す。つゆは本枯節の辛口のつけ汁と、天然真昆布、宗田節、さば節の薄口のかけ汁を使い分ける。

昼から蕎麦前で飲めるのも最高だ。5日間かけて仕上げた柔らかな「にしん」、「そばがき」、「自家製豆腐」といった定番のつまみに、旬味の天ぷら、揚げ出しなどが加わる。「季節のものに敏感でいたいから」と毎日市場に通い、「北海道に貢献したいから」と道産食材に手が伸びる。口下手だが、つくるものの端々には想いが通っている。

今でもフェス通いは続いている。夏は臨時休業があるのでご注意を。

札幌市中央区北1条西19丁目 表参道明豊ビル1F
011-213-8118
11時30分～LO14時30分、17時～LO20時30分
[水曜・第3木曜休、不定休あり]
もりそば800円、釜あげそば900円、にしん800円、
自家製豆腐400円、日本酒550円～

蕎麦 心空

しんくう

[料理] つまみは「にしん」をぜひ。「釜あげそば」は蕎麦湯ごと器に盛った珍しい一杯。まずはそのまま手繰って蕎麦の風味を堪能してから、つゆや溶いた卵につけてどうぞ。日本酒のほか、クラフトビールも。
[人物] 店主の三浦辰也さん。
[外観] 店内はカウンター席のほか、テーブル席も用意。

ほっとする味と燗酒と懐に優しい南円山の穴場

南円山の南3条通りから少しだけ奥まったところに、白壁にともる灯りが見えてくる。この小さな一軒家が「和食や円」である。店主の竹下要さんは京都の料理旅館を皮切りに、和食ひと筋の料理人。以前はすすきのに店を構えていたが、ひとり仕事で目の行き届く規模の店をと探し、この場所に縁があった。

北海道産の食材、そして旬や走りの食材にひと手間かけた料理は、気軽につまめるものから食事、夜定食まで幅広く、お会計を含めて気持ちよく飲み食べできる。

まずは「おまかせ前菜盛り」をどうぞ。その日のおすすめを少量多品種つまめるので、ひとり客にはありがたい。訪ねた日の一品、「根ホッケの味噌焼き」や「真たちと舞茸の玉子とじ」のほっとする味にもほどける。

お酒は純米酒に絞り、温度によって味と香りががらりと変わる燗酒の面白さを伝えている。飲み比べができるよう、常温でまず一口分を出してくれる。そんな気遣いも嬉しい。日曜日の昼飲みも狙い目だ。

札幌市中央区南3条西23丁目2-13
011-303-0752（なるべく予約を）
17時〜LO22時（日曜は14時〜LO20時）
[月曜休、臨時休業あり]
おまかせ前菜盛り2200円〜、根ホッケの味噌焼き790円、
真たちと舞茸の玉子とじ1200円、
旬のおまかせミニコース3600円〜、日本酒120cc660円〜

和食や 円

まどか

[料理] 晩秋のお品書きの一例、「根ホッケの味噌焼き」と「真たちと舞茸の玉子とじ」。
[人物] 店主の竹下要さん。店名は「いつも円満でいられるように」と、一筆で円を描いた「円相図」に由来。
[外観] 店内はカウンター4席と4人掛けのテーブルを3卓用意。

おばんざいと楽しい会話
ひとり飲みでも心地よく

「おばんざい帰蝶」は、チャーミングな女将・小林玉枝さんの手料理を楽しめる店。織田信長好きとあって、店名はその妻・濃姫の別名からいただいたという。「最後にはこの店に戻ってきてね…という意味も込めました」と、笑顔を見せる。

お刺身など、その時々の4品を盛り合わせた「おばんざいプレート」がお通し代わり。加えて、1人1品お好みのおばんざいを頼むのが、帰蝶のルールになっている。

カウンターに並ぶおばんざいは毎日異なり、常時7〜8種類を用意。味の染みた「イカ、大根、里芋の煮物」や「肉じゃが」といった煮込み料理がやはり人気。冬場は「おでん」や「きりたんぽ鍋」など鍋料理も欠かさず1種類はつくり、小鍋に取り分けて熱々を提供してくれる。

そのほか焼き魚やフライ、卵料理など、ふっと肩の力を抜いて楽しめる家庭的な味わいが嬉しい。

玉枝女将の朗らかな人柄もあり、男女問わずひとり客でも心地よく過ごせると評判だ。

札幌市中央区南4条西5丁目 第4藤井ビル3F
011-219-1111（なるべく予約を）
17時〜LO22時30分［日曜・祝日休］
おばんざいプレート1320円（お通し）、おばんざい770円〜。
ビール小瓶660円、日本酒840円〜

おばんざい 帰蝶

きちょう

［料理］ホッと和む料理が多い、帰蝶のおばんざいの一例。日本酒は、溢れんばかりになみなみと注ぐ「もっきり」スタイル。豪快！

［人物］女将の小林玉枝さん。2020年にオープンした。

［外観］店内はカウンター席が主体で4～5人で利用できる小上がり席も用意している。

Column

野菜で呑みたい夜に①

野菜料理をアテにお酒を飲むと、何だか罪悪感がなくていい。しかも、野菜だけなのに物足りなさを感じない。それが、地下鉄東西線「西11丁目」駅からすぐの「おやすみのところ」。「お任せ盛り合わせ」には、絶妙な食感とスモークした香りがヤミツキになるブロッコリー料理「スモッコリー」をはじめ、少量ずつ8品の野菜料理が彩りよく並ぶ。しかも、使う野菜は石狩の有機栽培農家「はるきちオーガニックファーム」が主体。

　一軒でさまざまな楽しみ方ができる複合店になっていて、台湾料理の朝ごはん、日替わりランチ、それぞれの合間はカフェとしても利用ができる。

　JR札幌駅からのんびり歩いて5分ちょっと。生産者の顔が見える料理とお酒が楽しみな、緑提灯のカジュアル・イタリアン「ソプラッチリア」。ここも農場から届く野菜や卵、肉類を使った料理に元気をもらえる。ひとり飲みでもポーションの相談にものってくれるし、お会計も懐に優しい。いつも賑わっているので予約がおすすめ。

　お店の一番奥には、小さな食料品店「ブリコ」がある。「心に唄を身体に愛を」という素敵なコピーの通り、こだわりの調味料や食品、暮らしのアイテムが並んでいる。このスペースだけの利用も可能なので、臆せずにずんずん先へ進もう。

おやすみのところ
札幌市中央区大通西10丁目4-5
大通メディカルビル1F
050-8885-4563

Sopracciglia（ソプラッチリア）
札幌市北区北7条西6丁目1-1
チュリス札幌第2 1F
011-776-6663

友達を誘って
出かけたい夜は

楽しく力強くワイワイと 胃袋を満たすスペイン料理店

スペイン・カタルーニャの言葉で胃袋を意味する「ボケリア」。スペイン産の食材と北海道産の旬味を生かしたスペイン料理を味わえる。

オーナーシェフ・宮坂英聖さんのイチ推しは、「スペイン産地鶏イエローピカントンの炭火焼」。ピカントン種は現地で放し飼いされている小型の地鶏。これを1時間かけ、炭火だけでジワジワと焼いていく。丸焼きなので肉汁が逃げず、しっとりジューシーに焼き上がる。鶏の中に仕込んだニンニクとローリエがほんのり香るが、味つけは潔く塩のみ。深い旨味を一層引き立てる。

提供時は食べやすくカット。小型なので2～4人でちょうど良いボリューム。この日の付け合わせは、フォンドボーで煮込んだジャガイモとキノコをたっぷりと。

あとは前菜を2品、しっとり仕上げるカタルーニャ流のパエリアかフィデウア（パスタのパエリア）を頼むとお腹も心も満たされる。スペイン産や自然派のワインでワイワイ楽しもう！

札幌市中央区南3条西7丁目しゃみ靴店2F
011-209-7071（予約が確実）
18時～LO22時［火曜休、不定休あり］
イエローピカントンの炭火焼3850円～（入荷サイズで異なる）、
前菜1000円前後～、コース6050円、ボトルワイン4620円～

スペイン料理 Boqueria

ボケリア

［料理］地鶏からイメージする噛み応えのある肉質とは異なり、しっとりした「スペイン産地鶏イエローピカントンの炭火焼」。

［人物］オーナーシェフの宮坂英聖さん。札幌のスペイン料理店で長く働いた経験を生かし、2020年に独立。

［外観］店内はテーブル席がメインで、カウンター席も用意。

一品ごとワクワクする前菜に ワインが進む、進む！

「チーボ エ ヴィーノ リッラ」は2人の料理人、浅野真菜美さんと金澤昌春さんが切り盛りするカジュアルなイタリア料理店。2人でアイデアを出し合うという料理は、食材の持ち味を真ん中に置きつつも、素材の組み合わせや味付けの妙を楽しめるものが多い。

「前菜盛り合わせ」はほとんどの人が頼む人気メニュー。魚や肉、野菜をバランスよく取り入れた日替わりの8～10品が美しく並ぶ。この日は越冬キタアカリとゴルゴンゾーラのグラタン、春野菜たっぷりのオムレツ、しっとり食感のサクラマスのマリネ、知床鶏の蒸し焼きなどなど。リッラの魅力をぎゅっと凝縮したようなひと皿は、一品ごとワクワクしながら楽しめ、ワインが気持ちよく進む。あとはお腹の状態に合わせ、季節のパスタやメイン料理、あるいはサラダやチーズを頼むといい。

店内はテーブル席に加え、カウンター席をキッチン側と電車通りが見える窓側の2カ所に用意。古いビルに馴染む空間の心地よさも魅力的だ。

札幌市中央区南4条西6丁目 晴ばれビル2F
011-838-7332（なるべく予約を）
17時～LO23時［日曜休］
前菜盛り合わせ1人前1500円、季節のパスタ1500円～、
肉料理2500円～

cibo e vino Lillà

チーボ エ ヴィーノ リッラ

[料理]その日のおすすめ8～10品が並ぶ「前菜盛り合わせ」。種類の少ない盛り合わせも用意している。

[人物]店主の浅野真菜美さんとシェフの金澤昌春さん。営業中は浅野さんがサービスを担当。

[外観]2021年6月、リッラ(イタリア語でライラックの意味)の季節にオープンした。

合わせるお酒で楽しみ方多彩
中華でゆるゆる飲りたい夜に

地下飲食店街のネオンに誘われ、階段を下りると、いぶし銀の世界が連なる。「お酒と中華 おいる」はこの場所に2019年オープン。店名の通り、お酒に寄り添う中華料理がコンセプト。中華でお酒といえばビールか紹興酒の一本調子に思われがちだが、ソーダ割りにしてもおいしい芋焼酎やにごり酒「生酛のどぶ」、ナチュラルワインだって揃えている。合わせるお酒によって楽しみ方はいろいろ。それが佐藤亮嗣店長の狙いだ。料理は「定番献立」と佐藤さんの「気まぐれ献立」の二本立て。定番からは看板メニューでもある「よだれ鶏」をぜひ。タレは黒酢とスパイスで決めた甘酢、またはヤーツァイ（中国の漬物）を使った四川風薬味を用意。

気まぐれ献立には旬菜旬魚、入荷の限られた食材を生かしたメニューが並ぶ。秋冬は「白子麻婆豆腐」が人気。発酵調味料や自家製辣油で角が丸いいい辛さの麻婆豆腐と、クリーミーなマダチが合わない訳がない。四川系を2品紹介したが、辛さのない料理も多いのでご安心を！

札幌市中央区南5条西3丁目 北専プラザ佐野ビルBIF
011-213-0099
18時～LO23時［日曜休、不定休あり］
桜姫鶏のよだれ鶏各990円、白子麻婆豆腐1690円、
おいるの肉焼売3個650円、生酛のどぶ700円
※ドリンクはひとり2杯以上のオーダー制になっている

お酒と中華 おいる

[料理] 下ゆでして炙ったマダチをのせた「白子麻婆豆腐」。粗挽きの豚肉も相まって、食べ応えありの一品。
[人物] 店長の佐藤亮嗣さんは炒める、揚げるといった仕事はオリーブオイルを使うので、料理の仕上がりが軽やかなのも特徴。
[外観] 店内はカウンター席とテーブル席を用意している。

味、価格、人柄、誠実さが嬉しい
日常使いしたいビストロ

２０２３年2月にオープン。オーナーシェフの佐藤翼さん、麻結さん夫妻の料理への誠実な向き合い方が、お皿の上にも、味わいにも、価格帯にも表れている注目のビストロ。21時まではコース料理を提供し、それ以降は料理1品ワイン1杯でも利用できるスタイルになっている。

看板料理ともいえるのが、コースの2品目で登場する「焼きリゾット」。道産米のリゾットを香ばしく焼き、十勝産マッシュルーム「とかちマッシュ」のコンソメを注いだ、フレンチ出身の翼さんとイタリアン出身の麻結さんの得意分野を融合させた一皿。季節の魚介のソテーをのせ、ご馳走感を演出している。

コースはこのほか前菜、魚、肉料理、デザートの全5品。決して派手さはないものの、クラシカルでありながら、味わいは優しく軽やかな印象。

夫婦そろって現地で修業したバスク料理も好評で、魚料理の代わりにコースに入れることができる。また、ワインはナチュールと北海道産が多く、ペアリングコースも魅力的。

札幌市中央区南2条西7丁目 M'sスペース2F
080-9868-2841（予約が確実）
18時〜LO23時（土曜・祝日17時〜）［日曜休、不定休あり］
コース5500円、セウタ（バスク料理）単品1900円、
グラスワインペアリング3杯3200円、4杯4000円

Sua.

スーア

[料理] 夏のコースの一例より。手前が肉料理「夏鹿のロースト」、奥が「焼きリゾット」。
[人物] 店名はバスク時代の佐藤翼さんのニックネームで、バスク語で炎を意味するという。
[外観] 古い木造の建物を生かし、パリの街角にありそうな雰囲気の店内。カウンター席とテーブル席あり。

コースとアラカルトを選べる
焼鳥と小料理で和むひと時を

狸小路の老舗「ら月食堂」の跡地に2023年2月、焼鳥と一品料理の店「み月」がオープンした。「長年愛されていたお店に敬意を表し、月の一字をお借りして、満月をイメージした店名にしました」と、代表の山崎雅弘さん。み月では、串料理中心のお得なコースと豊富なアラカルトを、その時の気分で使い分けできるのが嬉しい。

串仕事と料理を手がけるのは、多彩なジャンルで研鑽を積んだシェフ・本間文彌さん。名古屋コーチンの味わいを引き出すため、白湯スープ、昆布と椎茸の出汁、各々を含ませた自家製塩をブレンドして使う。

備長炭で片面をしっかり焼いて旨味を閉じ込めてから、じわじわと火を通すスタイル。脂がのった皮とジューシーな肉を抱き合わせた「胸抱き身」、生姜とスパイスを効かせた「つくね」、食べ応えがあり皮パリの「手羽先」は特におすすめ。

アルコール類も充実。お重にその時々の酒肴9品を並べた「お通し」と一緒にどうぞ。

札幌市中央区南3条西7丁目7-18
070-8390-8817（予約が確実）
16時～翌1時［月曜休、月2回不定休あり］
コース3900円と5600円、胸抱き身400円、つくね350円、
手羽先（2ピース）500円、お通し750円

み月

[料理]おすすめの「胸抱き身」、「つくね」、「手羽先」。仔羊や煮穴子、野菜など、鶏以外のメニューも。

[人物]左からスタッフの網干竜二さん、山崎雅弘さん、本間文彌さん。

[外観]奥行きのある細長い店内は、カウンター8席と4名まで利用できる個室を用意している。

料理のジャンルを問わず、いろいろ楽しみたい日に

魚も食べたいし、肉も食べたい。そんな日は「維采」へ。和食店で修業を重ねた大将の國松維広さんと、幅広い分野の店を歩んできた女将の采可さんが、ふたりで料理をつくり、もてなす創作料理の店だ。それぞれの名前から取った店名は「〝いと〟で紡ぐ縁を大切に、お客様にとって家のような温かい場所にしていきたい」と思いを語る。

毎日仕入れる旬の魚は11種類前後と豊富。1貫から握ってくれる寿司や刺身をはじめ、和洋の魚介料理へと展開する。カウンターに設えた小さな鉄板から繰り出す多彩な鉄板焼き料理も見逃せない。王道の黒毛和牛ステーキは「懐に響かないように」と、30gから焼いてくれる。

あれこれ欲張りたい時は、盛り合わせも可能だ。一番人気のトロタク、握り、黒毛和牛のカットステーキなど、維采の魅力を満喫できる。

また、食材さえあればメニューにない料理の相談ができるのも面白い。振り幅の広い楽しみ方ができる包容力こそ、維采の魅力。

札幌市中央区南6条西4丁目4-1 6.4ビル3F
011-206-6167（予約が確実）
17時～LO翌1時（日曜15時～LO21時）
[月曜休、不定休あり]
盛り合わせ5000円～、刺身盛り合わせ1人前1500円、ランプイチボのステーキ2300円、寿司1貫280円～、鉄板じゃがバター680円

木と鉄の板 創作料理

維采 ～いと～

［料理］盛り合わせの一例。アルコールも幅広く用意している。

［人物］大将の國松維広さん、女将の采可さん。開店は2022年11月。その前の3年間は大阪の高級鉄板焼店で2人で働き、経験を積んだ。

［外観］木の温もりを感じるアットホームな店内には、カウンター7席とテーブル6席が。

美味なる魚料理を求め、いざ参らん
美しい刺身で一献の幸せ

おいしい魚料理が食べたい。そんな時は、札幌時計台に近いオフィス街の裏小路にある「居酒屋こなから」へ。店主・小割茂樹さんの確かな目利きと丁寧な仕込みに信頼を寄せ、道内外の浜の関係者がよく立ち寄るのだから、期待は大きく膨らむ。

ここではまず、仕事が美しい「刺身の盛り合わせ」をお薦めしたい。品数はその日の入荷によるが、初夏のある日は、漁が始まったばかりのチップやウニ、イワシ、ブリ、シャコといった北の地魚を中心に12種類がズラリ。薬味にはワサビ、ショウガのほかに和ガラシも。この和ガラシは、カツオやヒラメの縁側といった脂が強いものと相性がいい。

そのほか達筆なお品書きは、空の胃袋が翻弄される目移り必至の内容。魚や野菜にひと手間かけた季節料理のほか、店主の趣味が高じてつくる本格的なカレーも交じる。また、ワサビを隠し味に自家製〆サバを挟んだ「サバサンド」もファンが多い逸品だ。日本酒の品揃えもまた、ここで過ごす時間を楽しくさせる。

札幌市中央区北2条西3丁目（中通り）イシガキビル2F
011-281-1250（予約が確実）
17時～LO21時30分［日曜・祝日休］
刺身の盛り合わせ1人前2750円前後～、サバサンド1480円前後、日本酒750円～。※価格は仕入れで異なる。

居酒屋 こなから

［料理］刺身は単品で数種類用意しているが、おすすめは「刺身の盛り合わせ」（写真は2人前）。

［人物］店主の小割茂樹さん。2024年2月で開店20周年を迎える。

［外観］店内はカウンター席とテーブル席、小上がり席を用意。現在、ビルの外壁修繕中。

北海道の食材で描くのは 北イタリアの郷土料理と空気感

お皿の上には赤ちゃんのほっぺのような、むっちりつるんとしたモッツァレラチーズがのっている。外側は冷たいが、中はほんのり温かい。聞けば、オーダーが入ってから自ら練り上げた、できたてだという。「チーズ工房でしか食べられない味を楽しんでほしくて」と、シェフの田中寿史さんはニカッと笑う。「いつか北海道の食材でイタリア料理をつくりたい」と、気候や食材が似ている北イタリアを修業先に選んだ。まさに有言実行で、「セミーナ」の料理は、道産食材で紡ぐ現地の味を大切にしている。黒板に描いた北海道地図には、交流する生産者と食材がびっしり書き込まれ、圧巻。

初めての来店だと、おまかせコースよりプリフィクスコースを勧めている。前菜とパスタは10種から4種を、メインは4種から1種を選ぶスタイル。相当迷いそうだが、店側とお客側、双方の好みを知ることで、次回はよりおいしい時間に近づける…という意図らしい。お互い育て合っていく店。うん、いい響き。

札幌市中央区南1条西8丁目20-1
ライオンズマンション大通公園 小六ビル1F
011-219-4649（要予約）
17時～LO21時（金曜～日曜12時～LO13時30分も営業）
[不定休]
デクスタツィオーネコース（おまかせ）8500円、
セミーナコース（プリフィクス）6600円～、
グラスワイン800円、北海道のグラスワイン1000円～

Trattoria Semina

トラットリア セミーナ

[料理] ノースプレインファームの牛乳でつくる「モッツァレラと生ハム」は、プラス料金でコースにセレクト可能。この日の生ハムは、十勝ロイヤルマンガリッツァ豚。
[人物] シェフの田中寿史さん。
[外観] カジュアルな店内はカウンター席とテーブル席が。

グラスワイン48種と和食ベースの創作料理で

エレベーターが開くと、長いカウンター席が広がる。そして、その向こうには12台ものファンビーノワインサーバー※が並ぶ眺めは圧巻だ。

毎日48種類ものグラスワインが味わえるダイニングバー「うぉんたな—VARIO—」。内容は都度変わるが、手頃なものから高価な銘柄まで揃え、産地も含めて振り幅が広い。グラスで味わえる機会が少ない北海道や日本のワインもラインナップしている。

華のある若き料理長・志田瑛梨さんによる和食ベースのワインに寄り添う創作メニューは60品以上。和の香草やオイルをアクセントにした「活ホッキのカルパッチョ」、報道でも話題になったえりも産オオズワイガニの濃厚な味わいを生かした「ズワイガニのリエット」といった定番に、自家製イクラを添えた「秋鮭の味噌柚庵焼き」など季節限定料理が交じる。うぉんたな（魚棚）らしく魚介料理が主体だが、肉料理や野菜料理も用意している。

ワインだけでも利用できるので、待ち合わせ、締めの1杯にもどうぞ。

札幌市中央区南4条西2丁目 TOMORUビル5F
011-213-0030
17時～LO翌2時30時（日曜～LO23時30分）
[火曜休、不定休あり]
活ホッキのカルパッチョ1100円、ズワイガニのリエット770円、
秋鮭の味噌柚庵焼き～自家製イクラ添え990円、
グラスワイン700円～、コースあり

※ファンビーノワインサーバー：ボトル内に窒素を充填させ、ワインの酸化進行を遅らせる機器

さかなとワイン

うぉんたな -VARIO-

ヴァリオ

[料理] 定番から「活ホッキのカルパッチョ」、「ズワイガニのリエット」、秋の季節料理「秋鮭の味噌柚庵焼き〜自家製イクラ添え」。

[人物] 料理長の志田瑛梨さん。若き才能を発掘する「RED U-35」のブロンズエッグに選出された。

[外観] ワンフロアを使った店内は、カウンター 24席、テーブル40席。

多彩なビアスタイルと その物語を味わう

北海道で唯一、ホップを商用栽培している上富良野町。このホップに惚れ込み、ホップ畑の隣にブルワリーを建てたのが「忽布古丹醸造」だ。大通エリアにある直営店では、自社製の生ビール10～12種類をラインナップ。各々の解説も読むのも楽しく、クラフトビールの多様性を体感するには最高の空間だ。

忽布古丹のビールは、上富良野産ホップ１００％使用の「オリジナルズ」、さらに道産副原料も使った「オリジナルズ＋」、自由な発想と原材料で醸す「フリーダムス」の３タイプがある。オリジナルズは、華やかな香りと軽快な飲み口の「ウポポ」、柑橘系フレーバーと爽やかな苦味の「ノンノ」、ハスカップの酸味が心地よい「ハシカプ」の３種。まずは基本からお試しあれ！

幅広いビールとの食べ合わせを考え、料理が豊富なのも魅力。オススメの「上富良野名物 豚サガリ」は、自家製醤油ダレが相まってビールが気持ちよく進む。夏季は雨天以外、テラスビアガーデンも利用できる。

札幌市中央区南2条西3丁目13-2 パレードビル3F
011-221-2505
17時～フードLO22時、ドリンクLO22時30分（土・日曜・祝日は12時～）
［年末年始休］
クラフトビールはMサイズ700円～、Lサイズ850円～、
大ジョッキ1250円～、上富良野名物 豚サガリ1～2人前880円

Tap Room BEER KOTAN

タップルーム ビアコタン

[料理]「上富良野名物 豚サガリ」とオリジナルズの3種類各Mサイズ。

[人物]「いろいろなビールを試して欲しいので、料理のお値段は抑え目に設定しています」と、元醸造職人でスタッフの仲江拓真さん。

[外観] 店内はタップの前と窓側の2カ所にカウンター席、そしてテーブル席、さらに立ち飲み用のテーブルを用意。

Column

野菜で呑みたい夜に②

賑わいといい感じにゆるっとした空気感が心地よい「食堂ブランコ」。あえてジャンルを絞らないメニューは、野菜が主役にも脇役にもなる料理を主体に、素材の組み合わせの面白さ、スパイスやハーブを印象的に使う料理が目を引く。毎日のように1〜2種類ずつ料理が入れ替わっていくスピード感も魅力。

数少ない定番のひとつが「スパイ酢！野菜のおつまみ盛り」。5種類の野菜はその日で異なるが、それぞれの食感を生かした調理、味つけがされている。これが飲まさるんですよ！

自然派ワインをはじめ、お酒の種類が豊富。遅い時間まで営業しているのもありがたい。

帰宅後にプシュッとしたい夜、「大地ノ青果店 デリカテッセン ポールタウン店」は強い味方になってくれる。ご近所のスーパーにはないような種類や生産者の少数精鋭の野菜、その野菜をたっぷり使った弁当「YAOBEN」が人気の〝街の便利な八百屋さん〟。家呑みの時には総菜の盛り合わせもオススメ。

市内に複数店舗があるが、夜8時まで利用できるポールタウン店が便利。オープンしたばかりの「COCONO SUSUKINO」にも店舗があって、こちらは夜9時までの営業（予定）。ただし、遅い時間は売り切れの心配があるのでご注意を。

食堂ブランコ
札幌市中央区南3条西7丁目7-28
M'sビルヂング2F
011-206-9777

大地ノ青果店DELICATESSEN
ポールタウン店
札幌市中央区南2条西3丁目
さっぽろ地下街ポールタウン 地下1階
011-205-0045

おいしい時間に
浸りたい日は

いい顔をした料理と温かなサービス
上質な日常使いを楽しめる一軒

「我が家でもてなすような雰囲気で楽しんでもらいたい」。そう話すのは、2023年4月にオープンした「フランス料理店mondo」の小川主水オーナーシェフ。南フランスを思わせる明るい色使いの店内で、調理やサービス経験豊富な妻の恵美さん、長男でソムリエの水美さんと一緒にゲストを迎える。

主水シェフといえば、「ミクニサッポロ」の料理長を15年、東京・四ツ谷「オテル・ドゥ・ミクニ」ではシェフを任されるなど、三國清三シェフの片腕として活躍してきた料理人。これまで培った技術は生かしつつも、自分が日々食べたいと思う自然体の料理を紡ぎ出している。

ランチでは、フランス在住時の味と香りの記憶を描いた家庭料理を楽しめる。内容はその時々で変わるが、前菜と肉料理、パンのセットが基本。

ディナーはフランスの伝統料理を軸に、主水シェフの色を加えたコース料理を堪能できる。フランスで買い付けたという多彩な絵皿も楽しみ。上質な日常使いに、ぜひ！

札幌市中央区南1条西9丁目1-2 第2北海ビルB1F
090-1296-9545（ランチは席の予約がおすすめ。ディナーは当日14時まで要予約）
11時30分～LO13時、18時～LO19時30分［火曜・水曜休］
ランチセット2500円。ディナーコース9000円（別途サービス料10％）。
グラスワイン800円～、ボトルワイン5000円台～

※2024年にビル名変更予定。

フランス料理店 mondo

モンド

[料理] ランチの一例「骨付き鶏肉の煮込み」。お好みで魚料理やデザートなどを追加し、基本セットを自由にカスタマイズできる。
[人物] 温かな雰囲気とサービスでもてなす小川主水シェフ、恵美さん、水美(みなみ)さん。
[外観] 店内は8人掛けのセンターテーブルと4人掛けテーブルを配置。

野菜で魅せる美しいフレンチを
ペアリングコースと共に

野菜とハーブだけで構成する、この美しいお皿が札幌に帰ってきた。「アキヒサ ハンダ」は、２０２３年４月にオープンしたフレンチレストラン。オーナーシェフの半田久明さんは、「フラノ寶亭留」などで総料理長を務め、２０１３年に同名のレストランを札幌で開業。移転先を探すために一度閉店し、ようやく札幌に〝帰ってきた〟のだ。

半田シェフが紡ぐ料理は野菜が魅力。6品と7品のコース料理を用意しているが、デザートを除く全品に何かしらの野菜が生かされている。野菜を主役に、あるいはソースや付け合わせに多用しているので、フルコースでも軽やかに楽しめるのだ。

スペシャリテのひとつ、「季節野菜の温サラダ」は、15種類もの野菜を使った華やかな一品。１種類ずつ持ち味を引き出すように蒸した野菜を、ソースに絡めて盛り付ける。焦がしバターと生クリームのコク、鶏ブイヨンと昆布の旨味、シードルビネガーの柔らかな酸味とキレが、野菜の個性を引き立てている。

札幌市中央区南3条西3丁目 プレイタウンふじ井ビル9F
011-600-6460（要予約）
17時30分～LO22時（金・土曜～LO23時）
[日曜休、不定休あり]
コース6品8250円～、7品1万1000円～、
ペアリングコース7150円。グラスワイン1320円～

Akihisa Handa

アキヒサ ハンダ

[料理] 芦別市の農業者集団「おいしい野菜の会」が育てた野菜を中心に使う「季節野菜の温サラダ」。春の一例。
[人物] ソムリエでもある半田明久シェフ。「ペアリングコース」も人気。料理の味わいを膨らませる発見がいろいろ。
[外観] 店内はテーブル席を主体に、カウンター席と個室を用意している。

カウンター天ぷら期待の新星
料理屋らしい天ぷらと締めご飯を

「天ぷら成」は、創業60余年を誇る「すすきの浪花亭」の中に２０２１年にオープン。１つの空間に2軒の異なる和食店が共存する独特の造りが面白い。店主の村井成至さんは、京都の老舗料亭「菊乃井」、東京の名店「天ぷら近藤」で培った経験と技術を生かし、お客をもてなす。

　おまかせコースは前菜から始まり、主役の天ぷらは北海道産を中心に季節の恵みを8品ほど楽しめる。揚げ方、味の組み合わせ方など、「料理屋らしい天ぷら」を目指し、食材の魅力をさらに広げる工夫と手間を惜しまない。

　締めの食事には「成まぶしご飯」が登場。室蘭工業大学に依頼した特注の鋳物ホーロー鍋で炊いたふっくらご飯に、濃い目のタレをまとった魚介の天ぷらを混ぜ合わせて提供する。２膳目はオリジナルの出汁をかけて味わえば、一度で二度おいしい。天ぷらが全体的に軽やかなので、まぶしご飯もするりと入る。

　季節の移ろいと共に、ますます楽しみな気鋭の一軒。

札幌市中央区南4条西4丁目 松岡ビル1F
011-231-7280（浪花亭と共通、要予約）
18時～と20時30分～（月曜・火曜は4名以上で営業）の2部制。
各回一斉スタート［日曜・祝日休］
おまかせコース1万6500円、生ビール770円、日本酒一合1000円～

天ぷら 成

まさ

[料理]「成まぶしご飯」の一例。初夏はトキシラズを使うことが多い。玉ネギの素揚げや溶かしバターが相まって、香りと旨みにうっとり。
[人物] 次期浪花亭3代目でもある店主の村井成至さん。
[外観] カウンター席のみ用意。

お皿にのせた農風景を味わう リトリートなレストラン

「今の畑はこんな感じなんですよ」。そう笑顔で説明する吉田夏織シェフの手には、大きな器いっぱいに盛り付けられた無数の食材が！　このほとんどを自分たちの手で育てている。「アグリスケープ」の料理は生産から始まっているのだ。

　地下鉄東西線「円山公園」駅から車で15分ほど。小別沢トンネルを抜けたさらに先に、山を背にしたモダンな建物が見えてくる。まさに「農風景」という言葉にふさわしいロケーションだ。レストラン開業の2年前から農業に本格参入。敷地内にはビニールハウスと畑が続き、養蜂を手掛け、鶏や黒豚に加えて羊も飼い始めた。今では年間150種類もの野菜やハーブ、果物を栽培している。

　そんなアグリスケープのコース料理は、イタリアンとフレンチの技術がベース。ここに「毎日が発見の連続」と話す、畑や山から得た感性を一緒に紡いでいく。大地の暦を五感で表現した料理からは、つくり手の楽しげな想いが伝わってくる。唯一無二のワクワク感がここにはある。

札幌市西区小別沢177
011-676-8445（完全予約制）
12時10分～LO13時、17時40分～LO19時30分［不定休］
おまかせコースランチ4400円、1万1000円、1万9800円、
ディナー1万3200円、1万9800円
（各々別途サービス料10％）

restaurant AGRISCAPE

レストラン アグリスケープ

[料理] 秋の一例。このプレゼンテーションプレートを使い、畑の今や今日の料理の説明を行う。
[人物] 生産から調理まで、一貫して行うシェフの吉田夏織さん。
[外観] 店内の小さなショップでは自社産野菜のピクルスや調味料などを販売。季節により野菜の直売も。

旬味を少しずつ味わう
魚中心のおまかせ料理店

「今日ご用意した食材はこちらです」。ネタ箱の中にはぷりぷりのカキやタチ、大きなハゼなど、今日の主役たちが居並ぶ。まるで寿司屋のようだが、ここはおまかせ料理が評判の「吉花」。店主の吉江恵一さんはこれまでイタリア料理店「オステリアYOSHIE」を営んできたが、枠にとらわれない自由な「吉江料理」をと、店名とスタイルを一新した。「少しずつ、シンプルにおいしいものを」と、料理は全10品。夏の一例をあげると、じゅんさい、水ナス、ウニをトマトの旨味で味わう「トマトのアクア」、白ワインにも日本酒にも合う「穴子とすぐりメロンとキュウリのサラダ」など、暑い季節に涼味を運ぶ内容に。

魚料理が多いのは四季を表現しやすいこともあるが、「魚は楽しいんですよね」と、目尻を下げる。

店内は吉江さんの広いキッチンに招かれたような空間。カウンター席から吉江さんの姿を眺めながら、あの食材がどんな料理になるのか、想像しながら待つ時間も楽しい。

札幌市中央区南2条東2丁目 エクセレントハウス東1F（東向き）
011-231-2778（要予約）
18時～23時［不定休］
おまかせコース料理1万3200円（別途サービス料10%）、
グラスワイン1100円前後～、グラス日本酒605円～

吉花chicca

きっか

[料理] イタリアンの技をベースに、若い頃の寿司店での修業経験を生かし、自由に表現するコース。夏の一例「トマトのアクア」、「穴子とすぐりメロンとキュウリのサラダ」。ワインにも日本酒にも合う料理が多い。
[人物] 店主の吉江恵一さん
[外観] 創成川イーストの隠れ家的立地。店内はカウンター6席のみ。

季節の美味がびっしりと料理を悩み選ぶ時間も愉しい

この店に最初に訪れたのは、料理人や食いしん坊な友達から「すごい品数だけどどれも旨い」と聞いたからだ。毎日書き換える品書きに並ぶ料理は怒涛の50品。それ以上多いことはあっても、少ないことは滅多にない。お造里、炭火焼き、つまみ、一品料理、食事まで、季節の魚介、銘柄肉、旬菜を織り交ぜ、そのすべてをアラカルトで提供する。

「うちに看板料理はいらないと思っているんです。特別な日に来てくれる方も多いので、自分の都合でネタ（メニュー数）が薄くてガッカリされるのは嫌なので。選ぶ方も楽しいでしょ」と、店主の九里洋平さん。注文の料理を手際よく繰り出していく姿は、見ていても気持ちがいい。

　とりわけ力を入れているのは魚の仕入れ。鮮魚店の開拓から始まり、信頼関係を結んでいる豊洲、九州、札幌、それぞれの市場や港からその日一番の鮮魚が届く。「お造里の盛り合わせ」を味わうと、その質の高さがよくわかる。

札幌市中央区南5条西3丁目 第11グリーンビル6F
011-211-4455（予約が確実）
18時〜翌1時（最終入店は2時間前）
[月曜休、不定休あり。祝日は要問合せ]
メニューは時価。予算の目安は、飲んで食べて1万5000円〜

勝龍庵 肴家 くのり

しょうりゅうあん さかなや

[料理] その日の一番を味わえる「お造里の盛り合わせ」。料理はすべて時価になっている。
[人物] 店主の九里洋平さん。2020年に現在の場所に移転オープン。
[外観] 店内はカウンター8席と4人掛けテーブルを2卓用意している。

生産者の想いを紡ぐ季節のイタリアン

「ＤＡＬ１９８２」のオーナーシェフ・小松健哉さんは、修業時代から時間を見つけては道内各地の生産者を訪問。生産現場を見て、対話を重ねながら、ひとつずつ食材の背景に思いを寄せてきた。だから、小松さんの料理説明には愛がある。押しつけがましさはなく、さりげない言葉選びだが、想いが見える。

　春のメニュー「松前沖子持ちヤリイカのイカめしスタイル」は、函館の「高野鮮魚店」が目利きをしたヤリイカを使う。イカ墨とふのりを加えたリゾットを鋳込み、お馴染みのイカめしを味わい深くアレンジした。

　ランチの定番であり、ディナーでもオーダー可能な「温野菜」は、20種類以上の野菜を楽しめるスペシャリテ。ゆでる、揚げる、焼くなど、野菜の個性に合わせて調理し、味付けは塩とオリーブオイルのみ。野菜のパワーと持ち味が体に真っ直ぐ届いて、元気をもらえる一品だ。

　場所は南円山の住宅街。シンプルな店内はカウンター4席とテーブル16席を用意している。

札幌市中央区南6条西22丁目3-39
011-513-1982（要予約）
11時30分～LO12時、18時～LO19時
［月曜休（祝日の場合営業、翌火曜休）］
コースはランチ2500円～3種類、ディナー6600円～4種類

DAL1982

ダル

[料理] 春の一例「松前沖子持ちヤリイカのイカめしスタイル」と、季節で野菜や産地が異なる「温野菜」。
[人物] 北海道コンサドーレ札幌の大ファンでもある小松健哉さん。
[外観] 店名は小松さんの生まれ年。「格好つけていえば、これまでの感謝と経験を料理に生かせたら、との思いを込めました」。2017年開店。

あの店の味と独自の色を重ね合わせた妙味が愉しい

独自の仕事で全国の鮨好きの心をつかむ「鮨ノ蔵」が手掛けた姉妹店。こちらは福々しい笑顔の釜石一男さんが板場に立つ。おまかせコースは、旬の魚と野菜を楽しめるつまみ6品と握り12貫という構成。

握りの最初は「ねぎま」と決めている。「ねぎま鍋」から着想を得た一貫で、漬けにした中トロの甘い脂、刻んだ焼きネギの風味、凛々しい酢飯、爽やかな香りの黒コショウと要素は多いが、それらがひとつになり、余韻まで美しい。

鮨ノ蔵の看板種「イカ」も握る。包丁目を入れた部分にだけ半田ごてで焼き目を付けるのが特徴で、生と焼きの両方の良さを欲張れる、独創的な技ありの一品。春ならば「海明けの毛ガニ」に心は躍る。鮭節などを調合した「蝦夷酢」が、毛ガニの濃厚な甘さにすーっと寄り添う。

週末の昼限定で開く、つまみとうな重で昼飲みができる「鰻ノ蔵」という遊び心も面白い。鮨ノ蔵の看板に独自の色を重ねていく「弐ノ蔵」。その愉しさから目が離せない。

札幌市中央区南3条西22丁目2-7 第51藤栄ビル1F
090-8900-0202
(完全予約制。ショートメール、またはLINEより予約を)
18時～と20時30分～の二部制（日曜は12時30分～の回もあり、鰻ノ蔵は金曜・土曜12時30分～）［水曜休］
おまかせコース1万7600円～、瓶ビール990円、
日本酒1100円～、鰻ノ蔵7700円（つまみ7品とうな重）

弐ノ蔵

にのくら

[料理] 春のおまかせコース、握りの一例「ねぎま」「イカ」「海明けの毛ガニ」。デザートの自家製チーズケーキも評判が高い。
[人物] 釜石一男さんは実家である小樽の寿司店や東京の和食店で修業。
[外観] 小ぢんまりしつつも落ち着きのある店内はカウンター6席のみ。

オフィス街の隠れ家和食
舌にまとう美味で季節を愛でる

初めて訪れた人は一様に驚く。オフィス街の雑居ビルの奥。まさに隠れ家という言葉が似あう「料理たいち」。店主・石田太一郎さんの料理と、妻・みはるさんの温かなサービスが心に残る和食店だ。

旬味を少しずつ8〜9品ほど楽しめるコース料理を提供。中でも魚料理に定評がある。聞けば、「大学生の時から魚屋に行くのが好きだった」と、石田さん。すでにその頃から食べ歩きの趣味が高じ、食材にも興味を持っていたという。すすきので9年半、この場所で11年。少しずつ店のスタイルを変えながら、自身の味を築き、食べ手の心をつかんできた。

春から初夏にかけて、北海道は鮭鱒が旨い。「トキシラズとホワイトアスパラの木の芽添え」は、軽く酢で締め、味を含ませたトキシラズと白アスパラを盛り付け、出汁を張った一品。舌にまとうようなトキシラズのしっとりもっちりした食感、そして爽やかな木の芽の香りがたまらない。トキシラズを食べずして、北国の夏は始まらない。

札幌市中央区北1条西7丁目 EXYビル1F
011-796-2161（要予約）
17時30分〜LO21時30分［日曜・祝日休］
コース料理9000円〜

料理たいち

[料理] 春〜初夏のメニューの一例「トキシラズとホワイトアスパラの木の芽添え」。コースには魚料理のほか、肉料理も入る。
[人物] 店主の石田太一郎さん。妻のみはるさんと一緒にもてなす。
[外観] 木の温もりが心地よい店内は、カウンター席とテーブル席を用意している。

体にすーっとなじむ穏やかで酔い中華

穏やかな中華。高橋裕一シェフの料理に持つ個人的なイメージだ。味つけは意外なほどシンプルで、体にすっとなじむ。それでいて、季節を映す北海道食材の魅力を時に繊細に、時に印象深く引き出している。それだけではない。鍋を強火であおる動きは少なく、鍋をじっと見守る静の料理人。「待って生まれる味わいもあるので」と、奥が深い。

修業の門を叩いたのが四川料理の名店ということもあり、辛さのセンスも抜群だ。夏ならば「ラムスペアリブの香り炒め」をぜひ。衣をカリカリに揚げたラムのスペアリブが、香草や香辛料の複雑な風味、中国の唐辛子「朝天辣椒」の辛さをまとった一品。朝天辣椒の量にひるむが、迫力のある見た目とは裏腹に、辛さに角がない上、香りがよくて旨味もある。この絶妙な一体感が愉快で、飲まさる味わい。ここでは自然派のオレンジワインを合わせてほしい。

締めには定番の「麻辣豆腐」を辛めにアレンジしてもらい、白飯にのせて豪快に味わおう。

札幌市中央区南3条西3丁目 Gダイニング札幌BIF
011-215-1017（予約が確実）
18時～LO22時30分
[日曜休（月曜が祝日の場合、日曜営業、月曜休）、不定休あり]
ラムスペアリブの香り炒め2000円、麻辣豆腐（小）2200円～、
シェフおまかせ前菜盛合わせ3000円、
グラスワイン1000～1500円、コース料理あり

中国料理 月下翁

げっかおう

[料理] 夏の料理の一例「ラムスペアリブの香り炒め」。この唐辛子は食べなくて大丈夫。「シェフおまかせ前菜盛合わせ」もおすすめ。
[人物] シェフの高橋裕一さん。食養生の考えと自身が好きな台湾料理のテイストを加えた料理スタイル。
[外観] カジュアルな店内はカウンター席とテーブル席を用意。

Column

北広島を満喫したい日に

住宅街に佇む一軒家フレンチの「ル・ミディ」。まるで南仏にあるような柔らかなサーモンピンク色の外壁が印象的だ。

シェフの一橋浩三さんは東京やフランスなどで腕を磨き、あたたかなサービスが素敵なマダムの由美子さんと札幌にレストランを開業。その後、北広島に移転した。

ランチは皿数の違いで4コースあり、複数のメニューから選べるスタイル。内容はその時々で異なるが、しっとり食感と燻香がたまらない看板料理「鶏のくんせいサラダ」をはじめ、北海道の食材や自家菜園の野菜、自家製生ハムなどで紡ぐ、フランスの伝統的な地方料理を楽しめる。人気店ゆえ予約が確実。

JR北広島駅から歩いてすぐの「小料理なごみ」は、長崎努さん、和恵さん夫妻がもてなす日本料理店。おふたりの人柄の良さがにじみ出る料理と接客、ゆったり上品な設えは、まさになごみの空間だ。

季節感を大切にした会席料理（要予約）は、予算に応じて献立を組む。丁寧にひいた出汁を随所に生かし、旬の食材の味わいと香りを引き立てている。女将が選ぶ日本酒や北海道のワインにも注目したい。

会席の締めに登場するのはそば。摩周そば粉を使い、その日によって打ち方を変えている。厚削りのカツオ出汁を合わせたつゆは、塩角が丸く味わい深い。

ル・ミディ
北広島市西の里北2丁目10-1
011-375-5331

小料理なごみ
北広島市北進町1丁目2-4
北広島駅前プラザ1F
011-372-8155

どうしても肉！という日に

圧倒的な画ヂカラ！
しっとり無敵のステーキ丼

このビジュアル、そしてソース&山ワサビの香りがたまらない！「くに美」は、長年フランス料理の道を歩んできた合田佳司オーナーシェフが、その腕を生かし開店したステーキ丼の専門店だ。

　ステーキにする赤身肉は、十勝やオホーツク地方で育った「キタウシリ」を主に使用。すべてオーダーが入ってから調理を始める。一度焼いて少し休ませ、また火入れをしたステーキは、ミディアムレアの仕上がり。深川産「ななつぼし」を炊いたごはんの上に美しく並べる。

　煮詰めた赤ワインが隠し味の醤油ソースで柔らかな肉を味わう定番の「くに美のステーキ丼」も良いが、栗山町・酒井農場の卵黄をのせた「ちょっと大人のステーキ丼（TKG&山わさび）」にも惹かれてしまう。ステーキ丼と同じ赤身肉でつくるハンバーグ定食も人気が高い。

　予約が可能なテイクアウトは18時までOK。夢のような組み合わせの「ステーキ&ハンバーグ弁当」などを用意している。

札幌市中央区南3条西9丁目1000-6 イオ南3条ビル1F
011-211-1030（店内利用は予約不可）
11時30分～LO14時30（テイクアウト～LO18時、
土曜・祝日11時～LO15時）［日曜休、不定休あり］
くに美のステーキ丼1220円、
ちょっと大人のステーキ丼（TKG＆山わさび）1350円、
ハンバーグ定食1380円　※支払いは現金のみ

ステーキ丼 くに美

[料理]「ちょっと大人のステーキ丼(TKG & 山わさび)」。卵黄のコクとまろやかさ、山わさびの風味を、ステーキと一緒に楽しめる。
[人物] 合田佳司オーナーシェフ。
[外観] 店内はカウンター席とテーブル席あり。最寄り駅は地下鉄東西線「西11丁目」駅から徒歩約7分。

多彩な種類と部位で〃肉の北海道〃を頬張る

ホルモンも赤身肉もジビエも、メニューはすべて北海道産。「焼肉GINGA」は〃肉の北海道〃を味わい尽くすことができる空間だ。

一年間に扱うホルモンと肉の部位は60種類以上と多種多彩。その中から当日入荷&数量限定の約40種類を楽しめる。生産者に独自ルートを持つ食肉卸売会社とタッグを組んでいるので、「品種や産地、生産者を限定して提供できるのが大きな特徴です」と、スタッフの長谷川裕さん。「GINGA9種盛り」はその日厳選の赤身肉、ジビエ、ホルモンから9種類を1切れずつ楽しめる人気メニュー。美しい色と艶から目利きと下処理の確かさがうかがえる。すべて注文が入ってから切り分け、各部位の個性を味わえるよう、カットの仕方やもみダレの味つけをそれぞれ変えている。多種類を少しずつ楽しみたい時、ひとりでふらりと立ち寄りたい時にもオススメだ。

北海道のワインやジャパニーズウィスキーなど豊富な酒類と共に、今宵の肉気分を大いに満たしてくれる。

札幌市中央区南3条西3丁目 Gダイニング札幌6F
090-2818-2917
16時～売り切れ次第終了［火曜休、不定休あり］
GINGA9種盛り2420円、単品1人前550円～、
山わさびごはん495円、生ビール660円

焼肉GINGA

ギンガ

［料理］いろいろ欲張りたい時はぜひ「GINGA 9種盛り」を。焼肉は単品と飲み放題付きコースあり。季節の野菜や〆ごはんも要チェック。

［人物］スタッフの長谷川裕さん。

［外観］2021年にリニューアルオープン。店内はカウンター席のほか、テーブル席、タイプの異なる半個室や個室も用意している。

びらとり和牛の焼肉店で イチボの旨味溢れる焼きすきを

カウンター席だけの店内は、割烹のような落ち着いた設え。「焼肉牛匠みなかみ」は、「北海道の上質な銘柄和牛を少しずつ、ゆったりと味わってほしい」と話す、店主・水上寿樹さんの思いを体現した焼肉店だ。

主に扱っているのは、水上さんが惚れ込んだという「びらとり和牛」。A5ランクを半頭で仕入れるため、希少部位や高級部位も楽しめる。

なかでもオススメは、水上さんが目の前で仕上げてくれる「焼きすき」。薄切りとはいえ、30〜40cmもある盤面のイチボ（お尻に近い部位）に割り下をつけて焼き、くるくると丸めて提供する。これに卵黄を絡ませ頬張れば、肉本来の旨味と上品な脂、割り下やまろやかな卵黄、そして空気の層とが一体となり、分厚い肉を頬張るのとはまた異なるおいしさに！これはヤミツキになる。

コースも単品も、良心的な価格で道産和牛を堪能できるのが嬉しい。コースはひとりの利用もOK。「今日は和牛だ！」という日に、覚えておきたい一軒だ。

札幌市中央区南4条西4丁目（中通り）第5グリーンビル3F
011-600-1372（なるべく予約を）
17時〜24時［水曜休］
焼きすき1枚1000円〜、
竹コース（肉10種、キムチ、サラダ、野菜、食事）5500円

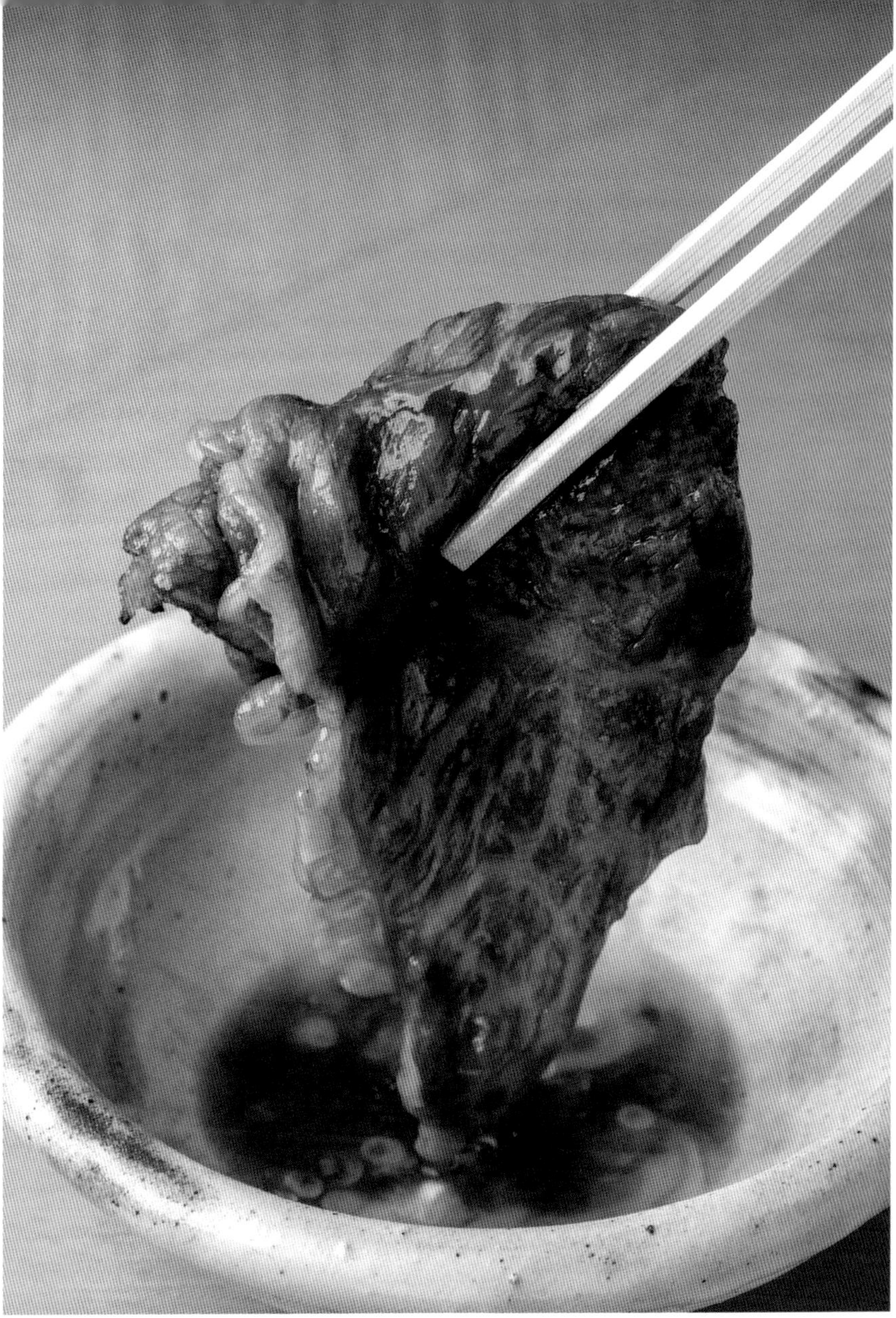

焼肉牛匠 みなかみ

やきにくぎゅうしょう

[料理] みなかみ名物「イチボの焼きすき」は単品のほか、「竹コース」にも含まれる。ジャパニーズウィスキーやジンも豊富に揃えている。
[人物] 店主の水上寿樹さん。フレンチやイタリアンで長年腕を振るった経験を生かし、日曜日限定でパスタ料理も登場する。
[外観] 2021年にオープン。

飲まさる串とサイドメニュー
隠れ家的立地もそそる焼鳥酒場

店名に惹かれ覗いたのが、「一人焼き鳥B」。狸小路やすすきのに近い立地ながら、築80年以上の古い建物はどこか隠れ家的な雰囲気が漂う。「子どものころからのあだ名がベンで、血液型はB。ボクシング経験者でビール好きと、自分の人生にBが深くかかわっているので」と、店主の只野知紀さんは笑顔で説明する。また、「ひとり営業ゆえ、混んでいる時は少しお待たせするかも」という意味も含まれているという。

串物は、定番25種類前後とその日のオススメを用意。豚も鶏も「なるべく道産を」と、心を配る。塩やタレのほか、アンチョビクリーム、パクチー、タンドリーチキン風といった創作串が多彩で楽しい。

サイドメニューにも力を入れていて、イチ押しは「白レバーのユッケ」。ユッケといっても生ではない。真空低温調理で熱を通した白レバーは、しっとりしてコクがある。黄身&タレと和えると、嗚呼、お酒を呼ぶ。締めの食事も豊富なので、2軒目、3軒目の来店もぜひ。

札幌市中央区南3条西5丁目 石輪ビル2F（西向き）
011-838-8858（予約が確実）
18時30分～LO24時［土曜休、不定休あり］
白レバーのユッケ680円、豚200円、もも190円、
ササミアンチョビクリーム240円

一人焼き鳥B

ビィ

［料理］「白レバーのユッケ」や「新得地鶏のタタキ」など、サイドメニューにも注目を。旨味のしっかりした日本酒、クラフトビール、本格焼酎、ワインなど、お酒の種類が充実しているのも魅力だ。

［人物］店主の只野知紀さん。

［外観］店内はカウンター主体で9席しかないので、予約が望ましい。

季節を味わいワインを楽しむ一軒
オーナーが仕留めたジビエも

道産材をふんだんに使った和モダンな空間で、季節料理とワインを楽しめる「れざん」。

「ジャンルにはこだわらず、ワインに合うイタリア料理とフランス料理をコースでお出ししています」と、オーナーソムリエの平優里さん。

3種類あるコースはいずれも7皿構成で、食材を大切にした料理が基本。ある日の前菜には一度漬けにしてから燻した「カツオのたたき」が。赤ワインソースやニンニクを効かせた卵黄ソースがアクセントを添え、食欲をそそる。メイン料理には白老のブランド牛「あべ牛」が登場。シンプルにその持ち味を堪能できる。

10月〜3月は、ハンターでもある平さんが仕留めたジビエのコースをぜひ。自店で調理するために狩猟した肉は質の高さが際立つ。エゾシカや鴨、ヒグマなど、各々の魅力を丁寧に表現した料理にファンが多い。

ゲストが飲みたいものに寄り添ったワイン提案や、キリっとスタイリッシュな中に明るく楽しい人柄がにじみ出る平さんのサービスも魅力的。

札幌市中央区南3条西3丁目（都通り沿い）ピクシスビル4F
011-222-0117（なるべく予約を）
18時〜24時［日曜・祝日休］
コース6000円、8000円、1万円〜。
ジビエコース1万8000円（要予約）

季節料理とヴィンテージワイン

れざん

［料理］ある日のコースの一例。あべ牛は1万円以上のコースで提供。

［人物］オーナーソムリエの平優里さん。シェフに村上智之さんを迎え、2011年にオープン。

［外観］エレベーターを降りるとエントランスに。カウンター席、テーブル席に加え、5名から利用できる個室も用意している。

Column

肉の魅力を鍋で味わう

生産者とのつながりを大切にしながら、季節の地の味を映す居酒屋「かけはし北二条店」。ここは鍋も魅力的だ。八海山を惜しげもなく注ぎ込んだ名物の「美酒鍋」、秋冬においしい「セリ鍋」などを味わえる。

北海道では珍しい「ぼたん鍋」は、野生のイノシシ肉を使用。「獣臭さがなく、煮込んでも硬くならないのが特徴です」と、店主の下川部康雄さん。

味の決め手は、料理長自慢のほんのり甘い味噌ダレ。ロースとモモ、2種類の肉を頬張ると、お腹の中からポカポカに。洞爺「佐々木ファーム」の2種のキャベツの甘みが染みたスープが後を引く。ぼたん鍋は要予約。1人前から注文可能。

一人ひと鍋で銘々にしゃぶしゃぶのコース料理を楽しめる、独自のスタイルが人気の「しゃぶしゃぶ酒屋 しの平」。

「厳選肉のしゃぶしゃぶフルサイズと季節の前菜付きショートコース」では、前菜2品の後にしゃぶしゃぶへ。特選黒毛和牛、吟味経産牛、黒毛和牛の牛タン、北海道産豚、白糠産サフォークと、多彩な肉を堪能できる。つけダレは、濃い旨味が肉の味わいを広げる焼きあごだしと、脂の甘味が際立つポン酢を用意。

ちなみに、肉類は自社の工房で熟成、カット、提供まで一貫して管理している。料理が多いコースもあり、すべて要予約。

活食·隠れ酒蔵 かけはし北二条店
札幌市中央区北2条西2丁目
マルホビルB1F
011-222-9984

しゃぶしゃぶ酒屋 しの平
札幌市中央区南3条西5丁目
三条美松ビル3F
011-231-8863

元気をもらえる
昼ごはん

奥深きビリヤニの世界
食べてみるとわかりますよ

中島公園の近くに、スパイス香るインドの炊き込みご飯「ビリヤニ」の専門店がある。店主の奥山聖さんは独学で研究を続け、間借り営業の後、２０２３年３月に待望の実店舗を開業。その味わいが瞬く間に評判を呼び、待ち時間覚悟の人気店に。

　定番の「チキン」と「マトン」は、ふわふわ＆パラパラ食感のバスマティライス、柔らかな肉、双方から香り立つスパイスがたまらない。月替わりの「限定」は魚介や野菜が多く、アスパラやサンマ、タチなど、北海道らしい具材も楽しみ。こちらはしっとりした仕上がりが特徴。地域でつくり方が異なる多彩なビリヤニに触れられるのも、クミンの魅力。

　私なら、好きなビリヤニ２種類をハーフサイズで欲張れる「２種盛り」の一択。ソースや具材を少しずつ混ぜ合わせ、味変しながらカオスに到達するのが歓び。結構なボリュームだが食後感は軽やかで、折り重なった味わいの余韻がクセになる。

　実は奥山さん、前職はパティシエ。食後はカヌレやカラメルプリンを！

札幌市中央区南11条西1丁目5-23
キャトレール中島公園1F
080-5292-8316
11時30分～17時（金曜11時～15時、17時30分～LO20時30分、売り切れ次第、早仕舞あり）
[火曜・水曜休、不定休あり]
2種盛り1500円、チキン1050円、マトン1200円、限定1500円、カヌレ250円、プリン450円

ビリヤニ専門店 Qmin

クミン

[料理] 長粒米を使うビリヤニの「2種盛り」。ヨーグルトやナッツのソース、生野菜などが付く。「プリン」は固めでリッチな味わい。
[人物] 「お菓子もビリヤニも、伝統的なレシピや味わいを大切にしています」と、店主の奥山聖さん。
[外観] 西洋と東洋の雰囲気が混在する店内は17席用意。

北海道産米のおいしさを オリジナル米麺&スープで味わう

お米のおいしさを新たなカタチで伝えたい。そんな思いを込め、2022年にオープンしたのが、北海道産米100%使用の米麺専門店「ライス ヌードル コメン」。「オリジナルの米麺=コメンは、ゆめぴりかの米粉を用い、旭川の老舗製麺所と共同開発しました。生産者の応援と消費拡大に貢献できれば」と、商品開発担当の島森萌さん。

　柔らかなゆで鶏と野菜がのった「北海道産鶏のコメン」は、つるんとした喉越しともちもちとした食感が特徴。じっくり味わうと、ご飯の甘みや香りが広がる。どこかホッとする優しい味わいのスープは、知床鶏をベースに昆布の旨味も加え、コメンの魅力を引き立てている。お腹に余裕があれば、「贅コク卵のふんわり卵かけごはん」も一緒にどうぞ。だしを効かせたふわふわ卵白の下に黄身が隠れ、塩昆布の塩味が絶妙なアクセントになっている。

　このほかスープカレーや白みそ坦々、和え麺など、さまざまな具材とスープでコメンを楽しめる。

札幌市中央区北5西2 札幌ステラプレイス イーストBIF「space米と麦」内
011-209-5775
10時～LO20時30分［施設の休業日に準ずる］
北海道産鶏のcomen980円、
贅コク卵のふんわり卵かけごはん450円、
北海道スープカレーcomen1200円、
白みそ坦々comen1080円

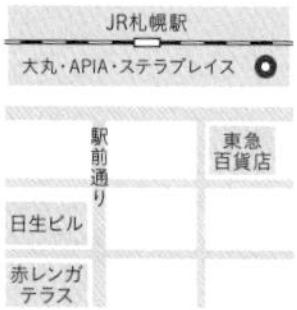

rice noodle comen

ライス ヌードル コメン

[料理] 定番人気の「北海道産鶏のcomen」とおすすめの卵かけごはん。
[人物] 「ご自宅でも楽しめる半生麺タイプの『comen 米麺(2食・スープ付)』もどうぞ」と、島森萌さん。
[外観] 店内はカウンター席とテーブル席を用意。お隣には北海道産小麦100%のベーカリー「ブーランジェリー コロン」が。

疲れた心と体に寄り添い、そっと癒してくれる食事を

疲れ気味のアナタに特にお薦めしたいのが、「食事と空間 おがわのじかん」。小川洋平さん、管理栄養士の瑞木さん夫妻が営む同店では、「ちょっとお疲れのあなたへ」と題した食事メニュー1種類のみを提供。

実は会社員時代の洋平さんは、激務のあまり食欲と気力が落ち、唯一口にできたのは、瑞木さんがつくる真昆布出汁のスープだったという。その経験から「食事と空間を通して、疲れた心と体を軽くしたい」と、味、器、設えに至るまで、トータルで寛げる癒しの時間を提案している。

内容は土鍋で炊いた蘭越産ななつぼし、真昆布出汁のスープ、主菜、2種類の副菜、自家製の漬物で構成する6品。2ヵ月ごとにその時々の体調を想定して献立を決める。例えば、寒さが厳しくなる12月〜1月は免疫力を高めるような食事を、2月〜3月はいつも以上にプレッシャーがかかる時期ゆえ、よりメンタルに寄り添う料理を…という具合。今、身体が必要としている食事で、心の中まで気持ちよく緩めてくれる。

札幌市白石区南郷通8丁目南3-29 1F
011-374-5117（予約優先）
11時30分〜LO13時30分（土曜と月に数回、夜営業あり18時〜LO19時）
[月曜・火曜休、不定休あり]
ちょっとお疲れのあなたへ3300円、
スイーツ・ドリンクとのセット4950円、夜のコース仕立て6600円

食事と空間 おがわのじかん

[料理]12月～1月のメニューの一例。自宅でも同店の味をと、真昆布出汁の鶏粥を冷凍した「おがわのじかんのスープ」も販売している。

[人物]小川洋平さん、瑞木さん夫妻。オンラインサロンも好評。

[外観]地下鉄東西線「南郷7丁目」駅4番出口から近い。店内はカウンター席とテーブル席を用意。

故郷の思い出の味を継承
カリふわ食感がたまらない

かつて栗山町で愛されていたお好み焼きは、フライパンで焼き上げるオリジナリティ溢れる味わいだった。今は無き喫茶店「りんごの木」の名物料理を引き継いだのが、お好み焼き専門店「りんごの木」である。「閉店の噂を耳にし、たまらずお店に電話をして話を聞くうちに、『こちらで引き継がせてください』と申し出ていました」。そう話すのは、映像制作等を手がける株式会社トリプルワンの代表・伊藤翔太さん。栗山町出身で、高校時代は同店によく通っていた。飲食店経営の経験はないが、「あの味をまた食べたい」との想いが勝ったという。

　フライパンのヘリの部分まで生かして焼く秘伝のお好み焼きは、厚みがあって、外側全体がカリッとクリスピー！　中はふわっとして、食感のコントラストが絶妙。濃いソースがまたクセになる。絶品の銀シャリ・栗山産「井上さんちのおぼろづき」にも合うし、ビールも気持ち良く進む。冷めても食感が損なわれないので、テイクアウトも好評だ。

札幌市北区北16条西4丁目1-35 896BLDG 1F
011-792-1577
11時～LO14時30分、16時～LO19時30分［水曜休］
お好み焼き900円、トッピングはキムチ、チーズなど各150円、
イカ、豚肉増し各200円、ビール中瓶650円、
井上さんちのおぼろづき小120円

お好み焼き専門店 りんごの木

[料理] フライパンでじっくり焼き上げる「お好み焼き」は、食感が印象的。お好みでトッピングもどうぞ。
[人物] 「札幌はもちろん、栗山からも懐かしい味を求め、食べに来る人が多い」と、伊藤翔太社長。
[外観] 2022年秋に地下鉄南北線「北18条」駅エリアにオープン。カウンター席とテーブル席がある。

すべての人に
お好み焼きを楽しむ喜びを

生活習慣や健康上の理由、さらには食後の倦怠感が起こりにくくなるなど、グルテンフリーの食事を求める声が増えている。

北海道大学病院の向かいにある「まろ吉」は、広島県出身の店主・守本浩樹さんが腕を振るう広島風お好み焼きの専門店だ。

通常のお好み焼きメニューに200円プラスすると、グルテンフリーに対応してくれるのが嬉しい。小麦麺は黄えんどう100%の麺を、生地はライスペーパーを使用。素材の持ち味を生かした、特定原材料7品目不使用の贅沢なおたふくソースで仕上げている。

「小麦アレルギーでお好み焼きは諦めていたという方やアスリートを中心に、喜んでもらっています」。

おすすめの「瀬戸内焼き」は、牡蠣の旨味と瀬戸内レモンの香り、青ネギの風味が印象的。パリッと焼き上げた豆の麺、甘く蒸しあげたキャベツの食感、豚肉のコクが相まって、クセになるおいしさだ。ビールも選べるお得なセット割引きも用意。

札幌市北区北15条西4丁目1-12
011-299-9282
11時～LO14時30分、17時～LO22時
[月曜休、日曜はランチのみ営業]
グルテンフリーの瀬戸内焼き1800円、通常の肉玉そば900円、
道産子焼き1400円、お好み焼きとセットでドリンク全品100円引き

広島風お好み焼き まろ吉

［料理］故郷の魅力を焼き上げた「瀬戸内焼き」。通常のお好み焼きと見た目は変わらないグルテンフリー。メニューには一品料理も。

［人物］守本浩樹さんは北海道大学の出身。母校に近いこの場所で2020年に開業した。

［外観］店内はカウンター席が主体でテーブル席も用意。

多彩な魅力を発信する豆料理店
豆おにぎりは要チェック

「日本一の豆のまち」を掲げる本別町産の多彩な豆を生かした豆料理専門店。オーナーで管理栄養士の谷口まどかさんは、本別町に暮らした経験から豆の魅力にはまったという。豆×フルーツが新感覚の「豆スムージー」、豚ひき肉と大豆ミートを選べる「チリビーンズ」、ご近所の3店舗とコラボした「豆ピザ」、「豆カレー」や「豆オムレツ」、「豆スイーツ」まで、「豆料理のファミレスを目指しています」と、笑顔を見せる。

　特に栄養豊富な「豆おにぎり」は一番人気のメニュー。日替わりで2種類を用意し、この日は和風な「小豆とサバ、ゴボウ」と、5種類の豆を使った「スモーク豆のチーズ炙り」。豆と食材の組み合わせの面白さといい、和洋中にアレンジした多彩な味つけといい、食材として豆の可能性を感じさせるおいしさだ。単品もあるが、本別町「渋谷醸造」の味噌でつくる野菜たっぷりの日替わり味噌汁とのセットがおすすめ。

　6席のイートイン、テイクアウトに加え、デリバリーも利用できる。

札幌市中央区北2条西25丁目1-1
011-838-8640
8時～15時（土曜・祝日～18時、デリバリー～20時）
[日曜・月曜休、不定休あり]
豆おにぎり単品各330円、
豆おにぎり2個と味噌汁セット950円、
豆スムージー5種類各580円～

Mame Kitchen Maruyama

マメキッチン・マルヤマ

[料理] 手にずしりと来る重量の豆おにぎりは食べ応えあり！ 当初は朝の限定品だったが、現在は朝と昼の2回つくるほどの人気。

[人物] 「豆スムージーの冷凍バージョンは全国発送が可能です」と、谷口まどかさん。

[外観] 地下鉄東西線「円山公園」駅から徒歩5分。2021年オープン。

Column

ラーメン

らーめん紫雲亭

中央バス札幌ターミナルの地下食堂街という、昭和が香る一角にある**「らーめん紫雲亭」**。ここは、かつて狸小路にあった名店「富公」の味を受け継ぐ店としても知られている。

紫雲亭・大将の及川強さんは伝説の味を西区で復活させていたが、高齢を理由に店を畳む覚悟をしていたという。それを聞いた常連客の内山貴文さんが一念発起。大将にはラーメンに専念してもらい、自分はそのほか一切合切を担い、店主として大将の味を守る決意をした。

そんなバックストーリーを持つ「塩ラーメン」は、道産豚骨を8時間炊き、昆布や煮干しなどの魚介ダシを加えた白湯スープが特徴。塩だれは使わず、味つけは内モンゴルの天日湖塩だけ。命のスープを直球で味わえる。濃厚だが、深い旨味はどこまでも穏やかだ。

注文後に包丁で厚切りにするチャーシューといい、独自に味付けしたキクラゲといい、洋食出身の大将の技が細部に光る。それを支える内山さんとの二人三脚は10年目を迎えた。

「中華そば うさぎ」は、午前6時に暖簾を掲げる〝朝ラー〟の人気店。透明感のある「中華そば」のスープは、早起きした身体に気持ちよく沁み渡るきれいで優しい旨味が印象的。鶏と豚の動物系、煮干し

とカツオ節の魚系のスープを合わせ、タレは醤油と塩の中間といった味わいに仕上げている。

麺は細麺でストレート。肩ロースを使うチャーシューは嬉しい厚切り。かなり太いメンマはほんのりゴマ油が香る上品な味付けにしている。「麺以外はすべて自家製です」と、店主の宮村啓裕さん。

4年前から朝営業を始めたところ、「毎日食べても飽きない」というコンセプトと味わいが、朝の時間帯にマッチ。夜営業を止め、朝昼通し営業に変更した。

平日の午前9時まではネギだけのせた「素ラー」をワンコインで提供。まさに早起きは三文以上の徳だ。


店 名に2匹のトラがいる**「らーめん寅乃虎」**。店主の島田義博さんによると、「大切にして手放さないもの=虎の子から名付けました」という。

ここは一度食べるとクセになるスパイスラーメン「とらのこらーめん」が看板メニュー。こってり系の「一ノ寅」とあっさり系の「二ノ虎」があるが、初めてなら「一ノ寅」を推したい。

10種類ほど配合したスパイスの風味が食欲をそそり、豚骨、鶏ガラ、

らーめん寅乃虎

和風ダシを合わせたスープの旨味を引き立て、唯一無二の味わいを楽しめるのだ。
　ランチタイムは小ライスがサービスになるので、残ったスープに投入すれば、これがまたたまらなく旨い！

ベジウェイ

厚みがあってほろっと柔らかな留寿都産もち豚の炙りチャーシューも魅力的。増量をオススメしたい（写真）。

最後に紹介する「**ベジウェイ**」では、驚きのラーメンが待っている。ここはオーナーシェフの安藤夏代さんによる、洗練された菜食メニューが人気のカフェ。料理やデザートに卵や乳製品、ハチミツに至るまで、動物由来の食材は一切使わない。食にルールを持つ人、持たない人が一緒に楽しめる、食のバリアフリーを目指している。
「ヴィーガン味噌ラーメン」は、植物性素材だけでつくったとは思えないほど、コクと旨味が沁みる一杯。スープはノンオイルで、自家製麹甘酒と濃い旨味の生味噌を使用。大豆ミートの「炙りチャーシューもどき」も食べ応えあり。みょうがやシソ、生姜など薬味、さらに豆苗もたっぷり。麺はグルテンフリーの粟麺にも変更可能だ。一滴残らず飲み干しても罪悪感なし！

沁みる一杯、おとなのラーメン4選

朝の身体に気持ちのいい中華そば

中華そば うさぎ

札幌市北区北27条西3丁目4-7 のりたマンション1F
050-3704-0230 6時～11時（金曜～日曜は～14時）［水曜・木曜休］ 中華そば750円、温かい素ラー500円

味に惚れ、受け継ぎ、守ってきた一杯

らーめん紫雲亭

札幌市中央区大通東1丁目 中央バス札幌ターミナル B1F
011-271-4010 11時～14時30分、16時～18時30分（土曜・祝日は昼のみ）［日曜・第1月曜休］※スープ等なくなり次第終了 塩ラーメン800円、醤油ラーメン800円、味噌ラーメン850円

植物性の旨味が沁みる罪悪感なしのラーメン

Holistic Bio Cafe Veggy Way
（ホリスティック・ビオ・カフェ ベジウェイ）

札幌市中央区大通西27丁目2-3 円山桂和West27 1F
011-624-7632 11時30分～18時［無休、年末休みあり］ ヴィーガン味噌ラーメン1980円、ヴィーガン塩ラーメン1580円

唯一無二の味わいがクセになる！

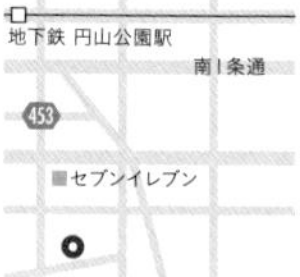

らーめん寅乃虎

札幌市中央区南5条西24丁目1-17 藤栄ビル1F（中小路沿い）
011-513-3050 11時～LO15時、17時～LO20時（火曜は昼のみ営業）［水曜休］ とらのこらーめん一ノ寅、二ノ虎は各900円、チャーシュー増量100円（1人1枚限定）

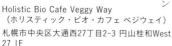

朝飲み・昼飲みの幸せはここに

せんべろ泡べろ朝シャン
二条市場でお得に朝飲み

開店は午前9時。二条市場で「朝飲みの聖地」を目指す店だ。ほぼ全員が頼む「せんべろセット」はアルコール、お通し、アテ七点盛りが付いて税込み千円。アルコールはビールなら中瓶1本、酎ハイはギガジョッキ1杯など、複数から1種類選ぶスタイル。「アテ七点盛りは店主のおまかせですが、苦手な食材、あっさりこってりなど、要望にも応えます」と、店主の相澤巨樹さん。「札幌独自の朝飲み文化を」と、「泡べろセット」も用意。こちらもお通しとアテは同じで、グラスになみなみ注いだスパークリングワイン1杯付きで千円。これでもかなりお手頃だが、もうプラス千円でフルボトルを提供。一体どういう世界線?! シャンパンも大特価の時間帯を設定。

活気ある市場らしく雑然とした店内は優雅に泡を…というより、元気に乾杯できる雰囲気。山わさび醤油漬けで食べる「牛かつ」、刺身を揚げる「エビフライ」といった揚げ物のほか、場内から海鮮を取り寄せることも可能だ。お得すぎ。予約推奨。

札幌市中央区南3条東1丁目7 新二条市場内
011-213-1388（予約が確実）
9時～LO16時（木曜～土曜は～LO21時、せんべろ類は日曜～水曜LO15時、木曜～土曜LO20時）［火曜休］
せんべろセット・泡べろセット各1000円、
牛かつミニ660円、エビフライ490円、
シャンパンのフルボトルは午前中限定で5000円

牛かつと海鍋
平田 二条市場本店

[料理]「お得な「泡べろセット」。アテ七点盛りはトムヤムクン風味のポテサラなど、遊び心のある攻めたアテがずらり。アルコールの種類によっても内容は異なるという。
[人物] 調理からサービスまでワンオペでこなす店主の相澤巨樹さん。
[外観] 二条市場の仲店通り沿いにある。店内はテーブル12席。

朝からうなぎ料理で一献の口福
店主の心意気が嬉しい専門店

市場めしと聞いて真っ先に思い浮かぶのは海鮮丼だが、それだけではない。「うなぎ屋 悠」は、札幌市中央卸売市場の「札幌場外市場」にあるうなぎの専門店だ。場所柄、気軽に入れる店構えで、朝9時30分から開店している。しかも、土日も営業しているのがうれしい。

店主の村田正利さんは、東京・新宿や浅草にある老舗の専門店で腕を磨き、5年前に開店。うなぎは信頼する問屋が厳選した上質な国産の活を使う。注文が入ってから蒸し上げ、備長炭で焼いてはタレにくぐらせを繰り返した蒲焼きは、ふっくらとして照りの輝きが美しい。

年々高騰する国産うなぎだが、「なるべく安く楽しんでほしい」と、全般的に良心的な価格で提供している。「うな重 小」は肝吸いと自家製の漬物付きで2850円。村田さんの心意気が伝わる一品だ。

うなぎが焼けるまで、「う巻き」や「うざく」など、専門店ならではの多彩なうなぎ料理を食べつつ、飲んで待つ時間も楽しい。

札幌市中央区北11条西22丁目 北町プラザ1F（東向き）
011-613-8889 （なるべく予約を）
9時30分～18時（早仕舞いあり、18時以降は問い合わせを。予約で営業可能）［不定休］
うな重小2850円、う巻き1350円、うざく600円、ビール600円、日本酒900円～

うなぎ屋 悠

ゆう

[料理] 腹と尾の身を楽しめる「うな重小」と「う巻き」。メニューの多くはテイクアウトが可能。希望時間を伝え、予約をするのがおすすめ。
[人物] うなぎ一筋で腕をふるう、店主の村田正利さん。
[外観] 店内はカウンター3席、テーブル2卓の小さな空間。

フレッシュチーズとワインで朝10時から乾杯できる幸せ

フレッシュチーズを味わいながら、朝飲み、昼飲みを楽しめ、チーズやおすすめ食材の購入もできる。そんなチーズショップ＆バルがこちら。「フォルマチーズラボ」は、チーズ製造・販売会社「ファットリアビオ北海道」の直営店。道産牛乳を使い、南イタリア出身のチーズ職人が伝統的製法で手がけるフレッシュタイプのチーズは、全国で評価が高い。

ぜひ試してほしいのが「フレッシュチーズの盛り合わせ」。白石の工場から毎日届くできたてチーズの中から2～3種類と生ハム、アンチョビ、野菜を彩りよく盛り付けたひと皿だ。なかでも「ストラッチャータ」はとても希少なチーズ。モッツァレラの生地を繊維状にし、生クリームとあえたもので、トロトロ食感とコクのある味わいが印象的だ。

チーズに寄り添うワインも用意。特におすすめは仁木町の微発泡白ワイン「ザ・デイ」。ナイアガラの果実感と柔らかな酸味が心地いい。

18時からは別経営の飲食店が開店する二毛作スタイルになっている。

札幌市中央区南3条西7丁目4 Kakuイマジネーション1F
011-206-8420
10時～LO17時［火曜休］
フレッシュチーズの盛り合わせ980円、
モッツァレラカプレーゼ580円、リコッタハニー380円、
ザ・デイはハーフボトル3900円

Forma Cheese Lab

フォルマチーズラボ

[料理]「フレッシュチーズの盛り合わせ」と仁木町「ヴィニャ・デ・オロ・ボデガ」の「ザ・デイ」。
[人物] 店長の中山朋恵さん。
[外観] 暖かい時期は外飲みもできる。カウンター席とテーブル席1卓を用意。18時以降もチーズなど食材の購入は可能だ。

今日一番の魚を寿司や肴で
しかも、懐に優しい寿司店

すすきので寿司のおまかせコースといえば、1万円は下らないのが相場だ。ところが、「すし魚一」では夜のメニュー「松」が肴10種と寿司10貫で5800円、昼飲みにぴったりな「特上寿し懐石」は一品料理6品と寿司10貫で3800円という破格(各々税別)。

水産会社が母体で、話題の鮮魚店を展開しているということもあり、「寿司店の敷居を下げ、決まった金額で本物の味を気軽に楽しんでほしい」と、店長の坂巻正樹さんは話す。

特上寿し懐石の一品料理は、焼き魚、肉料理など、その時々のおすすめを提供している。

寿司はカウンター席なら1貫ずつ握りたてを味わえるのが嬉しい。鮮度自慢の蝦夷前寿司を中心に、にきり醤油を塗って出すほか、塩とすだちで、柚子胡椒をのせてなど、ひと工夫した寿司も楽しめる。穏やかな酢飯は道産米「ななつぼし」を使い、タネとのほど良いバランスがいい。

ゆったり座れるカウンター席のほか、有料だが個室も用意している。

札幌市中央区南4条西5丁目 F45ビル1F
011-218-0055（予約が確実）
11時～LO14時30分、18時～23時［日曜休］
昼の握り寿し2200円、寿し懐石3080円、特上寿し懐石4180円、夜の松6380円、特松8800円、生ビール660円

すし 魚一

うおいち

［料理］「特上寿し懐石」の一例。店名は「今日いち（＝一番）の魚を提供する店でありたい」という思いから名付けたという。

［人物］店長の坂巻正樹さん。

［外観］店内は高級感のあるゆったりとした造り。個室は5部屋あり、家族連れやグループ、接待での利用が多い。個室利用料1室1100円。

産地や品種の違いを手繰る
蕎麦を味比べしつつ昼酒の至福

　昼飲みの背徳感と喜びは格別だ。「利き蕎麦」を楽しみながら、昼酒はいかがだろう。

「じき南2条店」は炭火焼鳥と和食の店だが、昼限定で利き蕎麦を味わえる。利き蕎麦とは、品種や産地が異なる蕎麦粉を十割で打ち、少量ずつ食べ比べができるというもの。3種と5種の食べ比べが定番だが、最大8種類の味比べができる。

「北海道から沖縄まで蕎麦の産地があり、それぞれに土地の味と香りがあります。利き蕎麦には、北海道では食べる機会が少ない本州産を使い、その魅力を紹介しています」と、研究熱心な店主・黒田陽さん。

　内容はその日で異なるが、取材した日は埼玉県三芳産「みのり」新蕎麦、島根県美郷産「三瓶在来種」、長崎県五島産「五島在来種」二年熟成など、最初の香り、味わい、食感、後に広がる余韻がそれぞれ異なる。まずはそのままで、次に塩を少々、最後に辛めのつゆで味わってほしい。一品料理や日本酒のお得なセットと一緒にどうぞ。

札幌市中央区南2条西9丁目1-27 Riche reve 1F
011-200-9396
11時30分～LO14時30分、18時～フードLO22時30分、ドリンクLO23時［昼は火曜休、夜は日曜休］
利き蕎麦3種食べ比べ1430円、利き蕎麦5種食べ比べ1800円、日本酒おまかせ90分飲み比べ1650円

じき 南2条店

［料理］「利き蕎麦5種食べ比べ」は通常、1種類ずつゆでたてを提供される。少々時間はかかるが、一度に全種類を出すことも可能。

［人物］これまで40カ所以上の粉を試している、店主の黒田陽さん。

［外観］店内はカウンター席とテーブル席、個室を用意している。

青森の味とお酒でプチ旅気分
名物の刺し盛りで昼酒を

地下鉄東西線「西11丁目」駅直結のビルに、一度聞いたら忘れられない名前の店がある。「津軽海峡を渡って来た男 あきら」は、青森県青森市出身の店主・新山輝さんが笑顔と津軽弁でもてなす居酒屋だ。

「青森らしさと北海道の良さを併せ持つハイブリットな店です」と、青森の地酒と郷土料理、北海道の鮮魚が看板メニュー。なかでも、ほぼ全員が頼むというあきら名物「お刺身7種盛り合わせ」は、ワンコイン（税別）というお値打ち価格。内容はその日によるが、本マグロや自家製の締めサバは必ず入るという。「冷凍物は一切使わず、生や活を使い、魚に合わせてひと手間かけてお出ししています」。

青森の郷土料理は、「貝焼き味噌」や「いがメンチ」などあるが、迷ったら通年提供する「津軽おでん」を。濃い目のカツオ節と昆布の合わせ出汁で炊いたおでん種に自家製の生姜味噌をたっぷりのせて頬張れば、酒を呼ぶ。午後3時開店なので、昼酒も大歓迎だ。

札幌市中央区大通西11丁目4 大通藤井ビルB2F
011-271-5354
15時〜LO21時［日曜・祝日休］
お刺身7種盛り合わせ550円、津軽おでん各187円〜、
青森の地酒3種飲み比べ1320円

津軽海峡を渡って来た男 あきら

[料理]「お刺身7種盛り合わせ」と生姜味噌が主役の「津軽おでん」。生姜味噌はおかわり無料。青森の地酒は12種類以上を取り揃え、特に「豊盃」は新山さんのイチ押し（グラス1210円）。
[人物] 店主の新山輝さん。
[外観] 2020年オープン。店内はL字のカウンター15席のみ。

夕暮れのひと時を、北海道のワインと旬味で

「アペロ」という言葉をご存知だろうか。アペリティフ(食前酒)の略で、夕食前に軽く飲んで過ごすひと時をそう呼んでいる。「ザ ロイヤルパークキャンバス札幌大通公園」の1階にあるフレンチ「北海道キュイジーヌカムイ」でも、アペロタイムを設けている。大通公園の四季を感じながら、ワイン一杯、あるいはフードと共に心地よい時間を過ごすことができる。

　アペロのおすすめ「おまかせ前菜プレート5品」は、内容もボリュームもとても魅力的だ。

「春〜秋は赤井川村『カミエダヴィンヤード』から毎日届く、力強い味わいの野菜をベースにしています」と、谷章太郎シェフ。そこにシャルキュトリーや旬の魚介類を加え、軽やかなひと皿に紡いでいる。

　カムイと言えば、北海道のワインの品揃えが豊富なことでも知られている。生産量の少ないワインを数種類ずつ週替わりでグラス提供しているので、前菜プレートと合わせて北海道の今を味わいたい。

札幌市中央区大通西1丁目12
ザ ロイヤルパーク キャンバス 札幌大通公園1F
011-212-1361
11時30分〜LO21時（アペロ15時〜17時30分）
[定休日なし（イベント等で貸切の場合はお休み）]
アペロ・おまかせ前菜プレート5品2300円、
本日のグラスワイン1000円〜、
北海道クラフトビール1200円〜

HOKKAIDO CUISINE KAMUY

ホッカイドウ キュイジーヌ カムイ

[料理]夏に取材した、アペロ限定「おまかせ前菜プレート5品」。

[人物]北海道の食材で四季を感じる料理を描く谷章太郎シェフ。コースはランチ2000円〜、ディナー6000円。ディナーはアラカルトも。

[外観]ホテルにもカムイの店内にも北海道産の木材を多用し、温かく居心地のよいデザインに。

Column

昼飲みの幸せ、こちらにも

15時開店の「日々」は、ナチュラルワインと料理のお店。「ワイン造りには良い日もあれば、悪い日もある。そんな日々を積み重ねて造られる想いの詰まったワインを、日々分かち合える場所にしたい」と、店主の大畑徳真さん。

グラスワインは、生産本数の少ない北海道のワインを含む常時15種ほどがスタンバイ。ふっと肩の力を抜いて楽しめる一杯が多く、0次会や〆にも◎。

料理は旬の食材を多用し、ワインに寄り添うおつまみ、一品料理、パスタまで幅広い。中心部なのに隠れ家のような立地。ひとり飲みでも、友人を誘ってもいい時間を過ごせる。不定休。

「ローカルチャイニーズフード 喜欢」は、四川料理を真ん中に据えた中国料理とお酒の店。「よだれ鶏」や「四川風麻婆豆腐」など、「ただ辛いだけではない、旨味がちゃんとあって、食材の味わいを生かした料理を提供したい」と、シャイな店主・片野寛千さん。「焼き餃子」や「海老と季節野菜の塩味炒め」など、辛さのない料理もちゃんと用意している。

金曜～日曜、祝日の12時～17時は、ハッピーアワーを利用して昼飲みできるのが嬉しい。お酒をお得な価格で提供し、同時間帯限定のおつまみも用意している。また、月曜～木曜も予約があれば、ハッピーアワーに対応してくれる。不定休なので事前に確認しておくと安心。

日々（にちにち）
札幌市中央区南2条西5丁目
下地ビル1F
011-803-3639

local Chinese food 喜欢（シーファン）
札幌市中央区南4条西5丁目
つむぎビル3F
080-6089-5760

今宵、
最後に開けるドアは

香りと旨味に心満たされる出汁茶漬けで締めを

すすきのにある「かわむら出汁茶」は、円山西町の「日本料理こまつ」がプロデュースした和食店。「全国各地の旬の食材を生かし、炊き合わせや煮物、焼物など、手間をかけた日本料理をコースではなく単品で気軽に楽しめる空間にこだわりました」と、小松孝さん。

日本料理といえば、やはり出汁。出汁の魅力を存分に味わってほしいと、「出汁茶漬け」を用意している。羽釜で炊いた「ゆめぴりか」の特別栽培米に、削りたてのカツオ節をのせて頬張った後、具材や薬味をのせ、昆布とカツオ節から丁寧にひいた出汁をたっぷりかけていただく趣向だ。「一番人気の具は醤油漬けにしたかにの外子です」と、料理長の山崎隆志さん。外子に出汁をかけると鮮やかな橙色に変わり、食欲をそそる。何より、出汁の香りと旨味にお腹も心も満たされ、幸せな気分に浸れる。

遅い時間なら、出汁茶漬けとお酒の利用も可能というのが嬉しい。カウンター主体だが、テーブル席と格子戸で区切った個室も用意している。

札幌市中央区南6条西3丁目6-33 AGS6.ビルB1F
011-522-5299（なるべく予約を）
18時～LO23時30分［日曜・祝日休］
出汁茶漬け・かに外子1350円、穴子950円、日本酒660円～

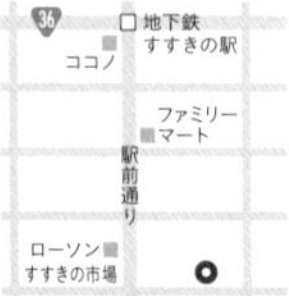

かわむら出汁茶

だしちゃ

[料理]「出汁茶漬け」はメインの具材をかに外子のほか、へしこ、穴子、牛頬、からすみなどから1種類選ぶ。季節の酒肴は500円前後～、一品料理は1000円台～。
[人物] 料理長の山崎隆志さん
[外観] ビルのエレベーターを降りると、すぐに店内になっている

滝川「花尻肉店」の伝統の味を復活
深夜も営業しているので〆ジンにも

「味付けジンギスカン発祥の地」と言われる滝川市で、家庭の味として親しまれてきたのが、「花尻肉店」のジンギスカン。2021年に惜しまれつつ閉店したが、ぎょうざとカレーの「みよしの」を展開する会社が「地域で愛される味が無くなるのは惜しい」と、伝統の味を承継。2022年8月に同店をオープンした。

　空知産のリンゴや玉ネギ、ショウガを使ったタレはもちろん、マトン肉の漬け方など、そのままを再現している。定番の「花尻ジンギスカン」にはモモ肉を、「花尻厚切やわらかジンギスカン」にはロース肉を使用。「花尻ジンギスカンミックス」はその両方を欲張れる。

　特に花尻厚切やわらかジンギスカンは丁寧に筋切りしているので柔らかく、旨みもしっかり。味付けは少々甘めに感じるかもしれないが、後味スッキリなので箸が止まらない！ アルコール類に合わせるなら、一味を振りかけるのもおすすめ。

　遅くまで営業しているので、〆ジンにもどうぞ。

札幌市中央区南6条西6丁目6-15
011-552-3440
17時～翌3時（金・土曜は翌5時）［日曜休］
花尻ジンギスカン780円、
花尻厚切やわらかジンギスカン980円、
花尻ジンギスカンミックス（花尻ジンギスカン・厚切各1人前盛り合わせ）1680円、
焼き野菜330円、生ビール580円

元祖滝川
花尻ジンギスカン
すすきの6条店

[料理]味付けのジンギスカンはビールのお供に、あるいは白飯にワンバンさせて楽しむのもいい。うどんと一緒に煮込むのもおすすめ。持ち帰り用に冷凍ジンギスカンパック1200円なども。

[外観]店内はカウンター席、テーブル席、掘りごたつ席を用意。「狸COMICHI」にも支店あり。

ダシと磯の風味に癒される お客想いの自家製きしめん

飲んだ後や遅い夕食に立ち寄りたいのが、すすきのにある「きしめんのきじや」である。

創業は昭和42年（1967年）。本場・愛知県よりも薄く仕上げる自家製麺は、道産小麦「きたほなみ」を使用。「遅い時間でも消化が良く、食べやすいように」との先代の配慮から生まれたものだという。現在は娘夫婦で、2代目の遠藤由章さん、まゆみさんが暖簾を守り続けている。

つゆは、出汁がしっかりきいた色の淡い関西風。ムロアジや宗田ガツオの豊かな香りと旨味をひと口すすれば、その風味に癒される。

「いそ」は先代の頃からの人気メニュー。ほうれん草にネギ、カツオ節といった定番トッピングに加え、とろろ昆布とバラのりがたっぷりと盛り付けられ、麺が見えないほど。まさに「磯」の香りが広がる。食べ終わる頃にはお腹からポカポカとし、満ち足りた気持ちに包まれる。

そのほか「たまごとじ」や「きつね」など種類も豊富だ。

札幌市中央区南7条西3丁目7-16 千両ビル1F
011-532-0141
19時30分～LO翌2時（祝日は～LO1時、日曜12時～LO14時30分）
[不定休]
いそ1000円、たまごとじ、きつね各850円

きしめんのきじや

[料理] 出汁と磯の風味がたまらない看板メニューのひとつ「いそ」。「豚カレー」（1200円）は、「カレーのお店コロンボ」のルーを使用。アルコール類、サイドメニューも用意。
[人物] 先代の想いを継いだ遠藤由章さん、まゆみさん夫妻。
[外観] 店内はカウンター席のみ。

今宵飲み頃のグラスワイン多数
大人が嬉しいつまみと〆も

「amu」は2022年夏にオープンしたワインバー。「人と人、ワインと人を繋ぐ。そんな社交場を目指しています」と、店主の久野寛司さん。16時開店の日が多いので、ゼロ次会や待ち合わせにも便利。

ワインはナチュール、クラシックを問わず、完成度の高い国内外の造り手のものをセレクト。泡・白・赤・オレンジを合わせ、常時グラスで12〜13種類用意している。

手をかけたつまみが多いのも特徴。例えば、マッシュルームとトリュフオイルのソースで味わう「生ポテトチップス」は、外がカリッ、中はホクホクの食感がクセになる。

ぜひお勧めしたいのが、「かつお出汁スープの〆ラーメン」。カツオ出汁の香りが良く、特注の細打ち麺で味わうと、まるで蕎麦を食べているような不思議な感覚になる。オリーブオイルを少したらすと、赤ワインにも合う一杯へと味変するのが面白い。すっきりとしたスープは飲み干したくなる優しい味わいで、今宵の締めにふさわしい。

札幌市中央区南2条西7丁目6-2 日宝南2条ビル2F（右奥）
080-9618-5766（なるべく予約を）
16時～翌2時（日曜・祝日は14時～、イベント等で営業時間の変更あり）［不定休］
グラスワイン1200円～。生ポテトチップス700円、
かつお出汁スープの〆ラーメン900円

amu（編む）

アム

［料理］まるで蕎麦のような「かつお出汁スープの〆ラーメン」。夜中でも罪悪感のない量と味わいが魅力。

［人物］店主の久野寛司さんは他店とのコラボなど、楽しいイベントを多数開催。詳しくはInstagramをチェック。

［外観］店内はカウンター席とテーブル席を利用できる。

グラスの中に描いた北海道を愛で、酔いしれる

グラスの中に北海道の風景が浮かび、四季が薫る。そんなカクテルを飲みたくなったら、迷わずこちらへ。「ザ バーナノ グールド」は道産素材を取り入れたカクテル、ジンやウィスキーといった北海道のハードリカーなど、お酒を通して北海道の魅力を再発見できるオーセンティックなバーだ。

厚真町のハスカップの色と味わいを生かした「ハスカップとパイナップルのカクテル」は、フローズンタイプの一杯。ラムをベースにパイナップルの甘酸っぱさ、紅茶のリキュールが香る泡、かりんとうやコーヒーのパウダーを添えた、複雑な味わいがひとつに重なる一杯。「カクテルは液体の料理」と語るオーナーバーテンダー・富田健一さんのスペシャリテのひとつだ。

「ラベンダーサワー」は、ラベンダーの蒸留水とラベンダー風味のジンを合わせ、自家製ミントシロップをアクセントに加えた。北国の薫風そよぐ爽やかな後味が魅力。さて、今宵の最後はどんな一杯に？

札幌市中央区西3条西4丁目 J・BOXビル4F
011-252-7556（予約が確実）
18時～LO23時30分［火曜休、不定休あり］
チャージ1000円、ハスカップとパイナップルのカクテル、
ラベンダーサワー各々1500円、ウィスキー1000円～、
サービスチャージ別途10%

the bar nano. gould.

ザ バー ナノ グールド

[料理] ぜひ試してほしい「ハスカップとパイナップルのカクテル」と「ラベンダーサワー」。
[人物] オーナーバーテンダーの富田健一さん。バーを3店舗経営。
[外観] 一枚板のゆったりとしたカウンターで寛げる店内は、どこか和を感じさせる雰囲気で、気持ちを落ち着かせる。テーブル席も。

今宵の締めは
コーヒーとチョコレートで

「マーレイ」は、夕方に開店するコーヒーとチョコレートのお店だ。世界中から厳選した良質な生豆を産地の特性に合せて自家焙煎するコーヒーは、ブレンドやその時々のプレミアムコーヒーを楽しめる。

　チョコレートは、カカオ豆から自家製造するビーン・トゥ・バースタイル。タブレットやトリュフチョコレートのほか、ケーキも数量限定で用意している。

　お酒を飲んだ後であれば、10時間かけてコーヒーエキスを抽出する「水出しリキッドコーヒー」と「洋酒香るトリュフチョコレート」のペアリングはいかがだろう。リキッドコーヒーは濃厚だが、香りの余韻が長くきれいな後味。そこに洋酒たっぷりのチョコレートを合わせると、酸味や香りが気持ちよく響き合う。

　すすきので深夜まで営業している自家焙煎のコーヒー店は、今ではここだけ。「人と文化が混じり合う、すすきのの貴重なクロスポイントとして、この場所を守っていきたい」と、オーナーの成田学さんは話す。

札幌市中央区南5条西5丁目10
011-532-2339
15時〜LO翌1時30分［元日のみ休］
水出しリキッドコーヒー880円、
洋酒香るトリュフチョコレート2個680円、
フレンチコーヒー820円、自家製ショコラテリーヌ780円

coffee＆chocolate
Marley 本店

コーヒー＆チョコレート　マーレイ

[料理] 飲んだ後の余韻に寄り添う「水出しリキッドコーヒー」と「洋酒香るトリュフチョコレート」（いずれも数量限定）。
[人物] オーナーの成田学さん。南4条西2丁目にMarley東店がある。
[外観] 店内はカウンター席のほか、テーブル席も用意している。喫煙可。

Column

美味とワインを求め、余市・仁木へ

おいしいワインが生まれるまちは元気だ。特に余市町は魅力的なワイナリーや生産者が多く、そこで醸し出されるワインが求心力となり、まちの賑わいやブランド力に繋がっている。それはまちを訪ねるとよくわかる。

家族経営のワイナリーが多いので、見学できるところはまだ少ないが、ワイン用のブドウ畑が多い登地区のイタリアン・オーベルジュ**「余市SAGRA」**や、素敵なソムリエがいるレストラン＆ホテル**「Yoichi LOOP」**では、想いを込めてその魅力を伝えてくれる。

個人的なおすすめは、JR余市駅の目の前にある**「かくと徳島屋」**。通称・かくとさん。ここは京都「本家たん熊 本店」仕込みの和食と、余市のワインをグラスで楽しめる一軒。余市の魚や野菜を生かした繊細な和食は、余市のワインとてても相性がいいのだ。

元々は大正時代に駅前旅館として創業。當宮弘晃さん、益美さん夫妻が4代目を担ってからは、料理に力を入れ、宿泊もできる料理屋というニュアンスが近いかもしれない。かくとさん自身は、〝「たべる」と「とまる」のお店〟という言い方をしている。

余市の旬が広がる「時候膳」をはじめ、料理はすべて要予約。「vin de 時候膳」には、「ドメーヌ・タカヒコ」や「ドメーヌ・アッシスズキ」、「ドメーヌ・モン」のフラッグシップワインを少量ずつ味わえるテイスティングセット付き！

ね、魅力的でしょ。當宮さん夫妻

の温かく朗らかな人柄にも癒され、再訪したくなるのだ。

　余市のお隣、仁木町もワイン産地として注目を集め、ワインを核にした旅の提案やイベントをスタートさせている。

　2021年にオープンした「naritaya」は、蕎麦とワインの店。目の前にはブドウ畑が広がり、その向こうに市街地や山々を望む気持ちのいい眺めに惚れ込み、東京から移住した成田和仁さん、真奈美さんが夫婦でもてなす。

　蕎麦は、自ら石臼挽きした道産そば粉を二八で打った細切りの田舎蕎麦。つゆはカツオの風味が立つ辛めの味わい。週末には限定数で十割蕎麦も出す。

　成田さん夫妻は生産者としての顔も持つ。店の裏手にある畑でワイン用ブドウを栽培。町内の「ドメーヌ・ブレス（旧ル・レーヴ・ワイナリー）」で委託醸造したオリジナルのワインを中心に、仁木や余市を含め、日本のワインの品揃えに力を入れている。グラスワインも用意しているので、土日祝日限定のおつまみ盛り合わせ「蕎麦前プレート」（数量限定）と一緒にどうぞ。

　そうそう。店の2階はシンプルな宿泊スペースになっていて、こちらからも同様の眺めを満喫できる。

かくと徳島屋
余市町黒川町8-12
0135-22-6369
※利用は電話にて要予約

naritaya
仁木町旭台257
0135-32-3877
※予約可能。電話対応時間は9時〜10時、14時30分〜17時

余市SAGRA

Yoichi LOOP

写真／著者撮影

50音順INDEX

あ

か

さ

た

寿司

蕎麦

居酒屋・小料理

串料理

お好み焼き

専門店

バー＋α

その他

ジャンル別INDEX

フランス料理

イタリア料理

スペイン料理

洋食

カフェ

ラーメン

中国料理

肉料理

和食

おしまいに

最後までお読みいただき、ありがとうございます。

本書は、2019年5月に出版した「小西由稀の札幌【おささる】味手帖」の第二弾として、「財界さっぽろ」の連載をベースにした食の案内書です。

あれから4年半。続編のお話をいただいた当初、嬉しく思うと同時に、少し後ろ向きな気持ちがあったのも事実です。電子書籍市場がますます拡大し、SNSでの情報収集が当たり前のご時世に、紙媒体の役割、特に書店に長く置いていただく書籍たる食案内書の意義って何だろうと、柄にもなく考えた時期もありました。

世界がようやく動き出した今、おいしいものがある風景のすばらしさを、あらためて紙面で伝えたい。そう思うようになりました。

大変な時期を乗り越えたお店、渦中の開業となったお店、普通を取り戻し始めた頃にオープンしたお店など、今知ってほしい、楽しんでほしいお店を一冊にまとめたのが本書です。飲食店で料理やお酒を前に、さまざまに過ごす時間の心地よさは、どんな時代でも変わらない。それはページをめくる時間もきっと同じ…。

情報の鮮度は、各店のＷｅｂサイトやＳＮＳにリンクした二次元コードで担保。最新情報のキャッチアップはこちらからどうぞ。

最後に、前作同様、一緒に本書を盛り立ててくださった写真家・岩浪睦さん、デザインチームの細谷渉さん、矢野恭子さん、イラストレーター・カワグチケイコさん、財界さっぽろ編集部・清水大輔さん、阿部琢弥さん、ありがとうございました。

そして、取材・執筆にあたり、各取材先のみなさまに多大なるご協力をいただきました。この場を借りて厚くお礼申し上げます。

みなさんの「きっかけ」の一冊になることを、心より願っています。

小西 由稀

※本書は月刊財界さっぽろ２０１９年６月号〜２０２４年新春号（12月発売）に連載した「旨いを結ぶ玉箒〈たまばはき〉」掲載記事からセレクトの上、大幅に加筆・修正したものです。

※本書で紹介している料理は常に提供しているものではありません。大まかな提供期間は記していますが、食材の仕入れ等の関係で提供できない時もあります。

※本書の掲載内容については２０２３年11月現在のものです。最新の料金、営業時間、定休日などは二次元コードのリンク先を参照、あるいは各店にお問い合わせください。

※定休日は原則として、年末年始・お盆休みなどを省略しています。

小西由稀の札幌おささる味手帖2

著者プロフィール

小西 由稀（こにし・ゆき）

フードライター。室蘭の寿司屋の娘に生まれ、食に興味を持って育つ。取材先は厨房、海、畑、牧場へ。食材や料理の「おいしさ」の背景に着目し、生産者や料理人の思いを通して北海道の食の魅力を発信。著書に「おいしい札幌出張」（エイチエス）など。

2023年12月16日　初版第1刷発行

著者	小西 由稀
撮影	岩浪　睦
編集	清水 大輔
デザイン	細谷　渉（Sooon design）　矢野 恭子
イラスト	カワグチ ケイコ［さる］　細谷　渉（Sooon design）［料理］
発行者	舟本 秀男
発行所	株式会社財界さっぽろ 〒064-8550　北海道札幌市中央区南9条西1丁目1-15 ☎011-521-5151（代表） https://www.zaikaisapporo.co.jp
印刷所	TOPPAN株式会社

ISBN978-4-87933-532-6